ミライの武器

「夢中になれる」を見つける授業

Strength of the Future

The place that you can find your passion

吉藤オリィ
ロボット開発者

sanctuary books

これから未来になって、
ぼくらはなにが変わるんだろう？

つまらないなら
おもしろいなにかを、
「ぼくらで」つくりだせばいい。
やりたくないなら
やらなくて済むなにかを
「ぼくらで」つくりだせばいい。

いまは
「こうしたい」
という夢の数よりも
願いを実現させてくれる
道具の方が多くなった。

いつから
そんなふうになった？
歴史的に見れば、
つい、さっき。

これからどうなるかは、
だれも知らない。

ぼくらは、そんな
ワクワクする時代を生きている。

まえがき

こんにちは。この本を手にとってくれてありがとう。

私は発明家のオリィ、ロボット開発者の吉藤《よしふじ》オリィです。

きみには「夢中になれること」があるだろうか？

私は「やらなきゃいけないこと」があまりできない。「常識と言われるもの」「当たり前のこと」もあまりわからない。でも「夢中になれること」だけはずっとある。

そのおかげで、いまでは寝《ね》る間も惜《お》しんで、研究や発明にずっと夢中になっていることができる。

時間を忘れて、夢中になりながら、生きていく。

それは私にとっては自然なことだが、簡単なことではないとは理解している。

きっときみは、「夢中になれること」と「我慢《がまん》してやるべきこと」の間で悩《なや》んでいることだろう。そして大人《おとな》になれば、生きていくために「夢中になれること」を手放してしまう人が多いことも、知っているはずだ。

でも、これだけは言える。

これからの時代は、たとえ「人と同じこと」「我慢《がまん》してやるべきこと」だけを上手にこなせても、生きていくのは難しくなる。

なぜならテクノロジーによって、世の中に存在していた「我慢《がまん》してやるべきこと」はさまざまな形で解決されていくからだ。

その一方で、「夢中になれること」がきみを救う。

世界はまだなにも、完成していない。きみが「夢中になって取り組むこと」は、この世界でまだ見つかってない無数の価値や課題を見つけることになる。

それも他人から出されるものではなく、自分の直感に従って、自分のセンスで新しい価値と楽しさをどんどん見つけ、夢中になって、人生に挑《いど》むことができる。

この本は「夢中は身を助《たす》く」という私の信念に基《もと》づき、これから時代をつくっていくきみたちが大人《おとな》になる前に知っておいてほしいことや、私の一風変わった経験、夢中でやってきた研究から学んだことを、できるかぎりわかりやすく伝えたいという思いでまとめたものだ。

いま熱中していることがあるきみにとってはためになる話を、いま熱中しているものがないきみにとっては、なにかに熱中してみたいと思ってもらえるような話をしたいと思う。

私たちはいま、急激に変わる歴史の真っ只中《まっただなか》にいる。

1年前の「当たり前」と1年後の「当たり前」は大きく違《ちが》い、もはや正義やモラルすらも変化している。

生き方に〝正解〟などなく、自分の生き方は自分で決め、選択していく時代だ。まわりのみんなとは少し違《ちが》って、不安になったとしても、自分の頭で考えて、手を動かし、「誰かによろこばれる、次の時代をつくる人」をめざしてほしい。

Strength of the Future

The place that you can find
your passion

ミライの武器

目次

Contents

Contents

2時間目　とりあえず試《ため》す力

Contents

3時間目　「できない」を価値にする力

Contents

4時間目 誰《だれ》かに発信する力

Contents

1
時間目

The place that you can find your passion

自分の違和感《いわかん》に気づく力

Lesson

1

みんなと違《ちが》っても、自分が思ったやり方でやってみる。

いつもはみんなに合わせるとしても、
たまには自分の思ったやり方でやってみよう。
最初は勇気がいることかもしれないが、
その小さな挑戦《ちょうせん》がきみを強くする。

将来なにになりたい？　そう聞かれることもあるだろう。

そんなときは堂々と「わかりません」と答えていいよ。わからないものを「わからない」と言うことは大切だ。世の中は変化しているからだ。

人類ははるか昔から進歩しているが、その変化のスピードは２０００年ほど前と現代とではまるで比較《ひかく》にならない。

たとえば人類の必需品《ひつじゅひん》である水道。家の中に蛇口《じゃぐち》がなかった昔、川から水を汲《く》むというのは重労働だったし、水質に問題もあった。家に水道が通ったのはいまからたったの１３０年前のことで、60年前の時点でも、各家庭の水道の普及率《ふきゅうりつ》は40%だった。

夜でも部屋を明るく照らす「電灯」が、一般《いっぱん》家庭に普及《ふきゅう》したのは１９１５年くらい。たった１００年と少し前だ。まだ「コンセント」はなく、家電を使うためには電球のソケットから電気を分岐《ぶんき》させるアタッチメントプラグというものを使っていた。

日本でテレビが発売されたのが１９５３年で、携帯《けいたい》電話が普及《ふきゅう》しはじめたのが１９９０年。**私たちの生活の「当たり前」が、「当たり前」になったのは本当に最近のことなんだ。**

さらに２０００年代よりも、２０１０年代の方が進歩のスピードが早い。20年前にタイムスリップしたら、きみは生活の不便さや価値観の違《ちが》いに驚《おどろ》くことだろう。

そして、**次の10年間はもっと激しく進歩する。**

無数のモノやサービスが登場しては、消えていくだろう。

いまの時点で「ユーチューバーになりたい」と心に決めたとしても、はたして10年後にユーチューブが存在しているかどうかもわからない。

こういう時代を生きるには、「周囲にふりまわされず、新しいものを取り入れながら、自分にとって大切なことをやり続ける」ことが重要になる。

それは、「誰《だれ》かに言われたからやる」というのでも、「誰《だれ》かに嫌《きら》われないようにやる」というのでもない。自分と向き合うことが、これまで以上に重要になってくる。

誰かに「それいいね！」と言われてはじめたことが、来年には時代遅《おく》れになっていることだってあるし、「ありえない……」と言われてやめかけたことが、後に賞賛を受けることだってあるからだ。

これからは自分が「ワクワクすること」を自由に考え、手を動かす時代だ。

じゃあ、試《ため》しにちょっと自由に考えてみようか。

これは私の10年前。23歳《さい》のときの顔だ。もちろんいまでは顔が変わっている。しかし私のことを知っている人ならば、この写真を見れば少し若い頃《ころ》の私だとわかる。

きみは見知らぬ他人の顔をぱっと見て、その人の年齢《ねんれい》を当てることができるだろうか。見た目とギャップがある人もいるが、自分よりも年上か年下かくらいはだいたい想像がつくと思

10年前の写真

う。

年齢《ねんれい》だけじゃない。私たちはいままで他人のことを、その人の顔と名前によって判別してきた。

他人を見たときに、「怖《こわ》そうな人だ」とか「優《やさ》しそうな人だ」とか、見た目で判断することってあるよね。

私たち人類は、生まれたときからずっと、自分の顔と自分の名前で、それが自分だと認識《にんしき》してきた。

当たり前？　でも、そんな当たり前のことすらも変わるだろう。

いまの時代の人は自分の見た目や名前を変えることもできる。

まず整形しようと思えばできる。手術で全然別人の顔になれる。メイクや髪型《かみがた》を変えるだけでも、別人のようになれる。メガネをかけてマスクもすれば、その人が誰《だれ》なのかほとんどわからなくなる。

現在の写真

私は昔から身体《からだ》が弱かったため、何度もＣＴ検査を受けてきた。

ＣＴ検査というのは、エックス線を使って身体《からだ》の断面を撮影《さつえい》するものだが、あの検査を受けると全身のデータが残る。

そのデータは３Ｄデータだ。そのデータを３Ｄプリンタに入力すれば、そのままの形ができあがる（ＣＴ検査を受けたとき、お医者さんに言うとくれるよ）。つまり理科室に置くような自分の骨格標本や内臓標本をつくって、自分の部屋に飾《かざ》ることができるわけだ。ワクワクしない？

ＣＴ検査じゃなくてもいい。きみの持っているスマホを使って、自分の顔をいろんな方向から撮影《さつえい》しておけば、そのデータを家庭用の３Ｄプリンタに入力することで、いますぐ自分の像ができあがる。自分の胸像をつくって、庭に置くことだってできる。これは〝フォトグラメトリー〟という、写真データから３Ｄモデルをつくる、よく使われている技術だ。

フォトグラメトリーによって、**いまではスマホだけで簡単に世の中の物体を３Ｄデータ化できるようになっていて、３Ｄプリンタがその形状を出力してくれる。**

将来は、この可能性がさらに広がる。ある大手化学メーカーでは、皮膚《ひふ》に直接くっつけられるような素材を研究している。

いずれ、若い頃《ころ》に撮《と》った画像データを使って、自分の肌《はだ》に合うようなマスクをつくり、そのマスクをかぶってしまえば、その頃《ころ》の自分の顔に戻《もど》ることができるだろう。

つまり**将来は、隣《となり》に座《すわ》っている人が、道ですれ違《ちが》う人が、旅館で出迎《でむか》えてくれる人が、見た目通りの年齢《ねんれい》・性別・人格ではなくなるかもしれない。**

そんな人たちに対して、私たちはどう接するべきか。

「年上の人には敬語をつかい、年下にはつかわなくていい」私はそんな常識にずっと違和感《いわかん》を抱《いだ》いている。

「どうぶつの森」をはじめとするオンラインゲームの世界ではどうか。一緒《いっしょ》に遊んでいる相手がどんな人だかわからない。大企業《だいきぎょう》の社長かもしれないし、学校の先生かもしれないし、マンションの上の階に住む幼稚園児《ようちえんじ》かもしれない。

匿名《とくめい》のオンラインの世界では年齢《ねんれい》も、社会的立場もまったく関係ない。よって、相手が目上の人かどうかを判断する必要がない。

その風潮はオンラインの世界だけではなく、これから現実の世界にも浸透《しんとう》していく。

一緒《いっしょ》になにかに取り組んだり、たまたま出会って遊んだりする相手が、「自分より年上か？」「男性か女性か？」「どういう立場の人なのか？」はどうでもよくなるわけだ。

その一方で**「なにをやっている人なのか？」「自分と気が合う人か？」「一緒《いっしょ》にいて楽しいか？」という点だけがクローズアップされる。**

自分だってそうだ。「自分はこんな人間」と決めてしまうことに、私は違和感《いわかん》を持つ。たとえば人は着ぐるみなどをかぶることで、普段《ふだん》ならば絶対やらないようなこともできるようになる。VR世界でかわいい少女になれば、かわいい少女っぽい動きをする中年男性もいる。

私は23歳《さい》のときの顔のデータを残しているが、いずれ年老いたとき、そのマスクをかぶって鏡の前に立つこともあるだろう。その日は20代に混ざって大学のサークルに参加するかもしれないね。

そんなわけで、私の顔はいずれ変わる。

吉藤健太朗《よしふじけんたろう》という名前はすでに14年前から変えてある。

折り紙が好きだから、吉藤《よしふじ》オリィ。

顔なんか変化するから、黒い白衣で覚えてくれたらうれしい。

黒い白衣はiPhoneやTwitterが登場したくらいの時期、2006年から15年間、私が毎日着ているものだ（同じ服が16着ある）。

黒い白衣を着ている人間が、白いロボットを持っていたら、だいたいそれが私だ。私を探したかったら、その二つを目印にしてほしい。

こんな風に、〝自分〟や〝あたりまえ〟に縛《しば》られず、したいことを思いっきり考えて、実行できる。

これが次の時代を生きるヒントだ。

いまの時代を生きるきみはラッキーだ。

人生はしょせん100年程度と短いが、その短い100年で世の中はずいぶん変わるし、自分で変えられる時代でもあるからだ。

私は車椅子《くるまいす》や、ロボットをつくることが好きだ。

実現したいことは、この世界から孤独《こどく》をなくすこと。

研究を続けていれば、私が生きている間に、孤独《こどく》をなくす方法は見つけられると信じている。

これを読んでいるきみが誰《だれ》だかわからなくてもいい。年上か年下かも、性別も立場も関係ない。

私と同じ気持ちになってくれたら、いつか一緒《いっしょ》に活動したい。

Lesson

2

しかられても、簡単にめげない。

ときには他人にしかられたって、
考えを変えなくてもいいときがある。
“しかられるから”ではなく、
“自分はこう思うから”を尊重しよう。

きみは、車椅子《くるまいす》に乗りたいと思わないか？

私は昔から好きで車椅子をつくったり、改造したりしている。車椅子《くるまいす》はすごく面白《おもしろ》い。わくわくするし、乗るのも大好きだ。横に大きなタイヤがついていて、レバーを倒《たお》せば前に進める。自分だけの小さな電気自動車だ。

小学校のとき、同級生にケガをして一時的に車椅子《くるまいす》に乗っている友だちがいた。が、その子の車椅子《くるまいす》を借りて、私が乗って遊んでいたら、先生にとても怒《おこ》られた。「車椅子は〝けが人や障害者が仕方なく使うもの〟であって、遊ぶものじゃない」んだって。

私はそのとき強烈《きょうれつ》な違和感《いわかん》をもったんだ。私はべつに危険な乗り方をしたわけでも、その子から無許可で奪《うば》ったわけでもない。

これって、良くないことだろうか？って。

私はメガネをかけていた。そのメガネを友だちに「かけてみる？」といって貸してみたり、誰《だれ》かとメガネを交換《こうかん》して「わあ、おまえのやつ世界がゆがむわ！」といって盛り上がったりするのは日常だ。これは別に怒《おこ》られたりしないよね。好きで、伊達《だて》メガネをかけている大人《おとな》だっている。おしゃれのひとつだよね。

車椅子《くるまいす》は、なんでもそうじゃないんだろうって思った。

メガネを外せば見えないのだから、メガネだって障害者が使う道具だ。

コンタクトレンズもそう。私はICL※（インプラント・コンタクト・レンズ）という技術で、コンタクトを目の中に移植している。

そういう**技術によって、障害者は「困っていない」状態になる。**

メガネをかけないと文字が読めない人のことを、きみは障害者だと思う？

もはやメガネという発明によって、障害者は障害者ではなくなった。

すばらしいよね。メガネ、コンタクト、ICLをつくってくれた人は偉大《いだい》だ。

もしもそれらが存在しなかったら、私のような視力の弱い人間はとても生活するのに苦労していたはずだよ。それだけで学校の成績が下がって、志望校に行けなくなるかもしれない。私は昔、視力回復トレーニングとして1日30分くらい遠くを見る、目の運動などいろんなことをやらされた。けれど、効果があったかどうかはまったく不明。でも、メガネをかけたら一発で困らなくなった。

では車椅子《くるまいす》は、障害者を「困ってない」状態にできているかというと、そんな気はしない。**まだ「発明が足りていない」といえる。**

もちろんこれは車椅子《くるまいす》だけの話じゃない。

これからの時代を生きる上で、**この世界に存在するモノ、サービス、技術、そして人の「考え方」までも、ありとあらゆるものが「ぜんぜん発明が足りていない」し、「まだまだ山ほど改良点がある」**そう思えるんだ。

しかられたけれど、車椅子《くるまいす》で遊んだ経験があったからこそ、私は車椅子《くるまいす》の改良の研究に夢中になれたし、高校生のときに科学の世界大会で3位を受賞できたんだと思う。

どうしてこんな扱いを受けるの？　どうしてそんなことでしかられるの？　もし〝違和感《いわかん》〟をもったら、その気持ちを大事にしてほしい。世の中はなにも完成していない。なにかがおかしいと思える限り、私たちにはできることがある。

※ICL＝眼内コンタクトレンズ。適応年齢《ねんれい》は18歳《さい》以上だと言われている。

Lesson

3

失敗してもいいから、先に形にしてみる。

なにごとも、いきなり成功することなんてない。
できるだけ早く形にしてみて、
課題を見つける力をつけよう。

車椅子《くるまいす》の話を続けよう。

私は小中学校にはほぼ行かずに、工業高校に入り、そこで師匠《ししょう》たちと「かっこいいSFな車椅子《くるまいす》」をつくった。

ピンクのつや出し塗装《とそう》の曲線ボディ、ヘッドライトサイドミラー、ウインカーも搭載《とうさい》、バンパーもついていて、前輪駆動《くどう》の3輪式、タイヤの厚みは10センチ以上、さらにジャイロセンサーの働きで傾《かたむ》きを感知、自動で水平を保つ水平制御《せいぎょ》機構付き、さらに片輪で段差を登れるという超高性能《ちょうこうせいのう》な車椅子《くるまいす》だ。私たちはこの車椅子《くるまいす》を〝電脳車椅子《くるまいす》〟と名付けた。

現在でも私は車椅子《くるまいす》を4台持っていて改造を続けているんだけれど、たとえば電動車椅子《くるまいす》は便利だ。腕《うで》が動かしにくい人でも、レバーを倒《たお》すだけで坂道もぐいぐい上がってくれる。でも、車椅子のレバーを自分の手で倒《たお》せない人もいる。

たとえばALSという病気の人だ。

ここで「ALS」という病気について簡単に説明しておく。

「ALS」とは手足の筋肉とか、呼吸に必要な筋肉がだんだんやせて力がなくなって、やがて寝《ね》たきりになっていく、まだ原因も治し方も見つかっていないとてもこわい病気のこと。

1年間に約1000人の日本人が発症《はっしょう》している。病気の進行が早くて、その人は呼吸器をつけないと生きていけなくなる。

意識ははっきりしているのに、なんにもできない。手も足もまったく動かない。かゆくてもかけない。考えることはできるのに、しゃべることができない。つらいよね。でも多くの場合、目だけは最後まで動かせる。

だから**目の動きを感知すれば、車椅子《くるまいす》を動かせるじゃないか**と思い、私は視線入力センサーで動かすことができる〝新しい車椅子《くるまいす》〟をつくった。

「でもさ、目だけで動かすなんて危ないんじゃない?」って多くの人に言われた。

わからないときはつくってみると決めている。つくって、乗ってみたら、予想どおり難しかった。他の人にも「だから言ったじゃん」って笑われた。

でも、〝なにが難しいのか〟がわかった。私たちはよくよそ見をするし、目線ってけっこうあちこちに泳ぐものなんだ。だから、目線が泳いでしまうことを前提に、プログラミングし直したら、うまく操作できる方法がわかった。いまでははじめて乗る人だって、5分くらい練習すれば乗りこなせるようになったよ。

なんでもやってみなければ、わからないことばかりなんだ。「でもさ」と問題点を考えるよりも、先に手を動かしてしまった方が早いことも多い。

この視線で操作しやすくなった新しい車椅子《くるまいす》も、形にしてみたら、さらに課題が見えた。このままじゃ乗れないんだ。

ALSの患者《かんじゃ》さんたちは、大きな呼吸器を積んだ自分専用のオーダーメイド車《くるま》椅子《いす》に乗っている。だから、普段乗っている車椅子《くるまいす》から私がつくった車椅子《くるまいす》に乗りかえないといけないが、それがかなり難しい。じゃあどうすればいいか？

その人の車椅子《くるまいす》を、いきなり〝新しい車椅子《くるまいす》〟に改造する？　いいね。でも、うまく運転できるかわからないからできればその前に体験しておきたいよね。

私は思った。**車椅子《くるまいす》ごと乗りこめる「車椅子《くるまいす》用の車椅子《くるまいす》」をつくればいい。**

早速、ホームセンターで買ってきた木材で台車をつくった。そしてそこに、目を動かすだけで移動や文字入力ができる装置をつけた。

プログラムは中学生でもわかるような言語で書かれている。開発の助手をつとめた人間は、当時まだ高校1年生だった。

試作品はすぐALSの患者会《かんじゃかい》にもっていき、多くの患者《かんじゃ》さんたちに車椅子《くるまいす》ごと乗って遊んでもらった。みんな世界初の〝車椅子《くるまいす》の車椅子《くるまいす》〟をものすごく楽しんでくれたよ。

そして、私はまたそこで改良が必要な〝課題〟を見つけた。

こうした人類初の挑戦《ちょうせん》から見つかる課題は、〝全人類でいまだ自分しか知らない問題〟というわけだ。ワクワクしないかい？

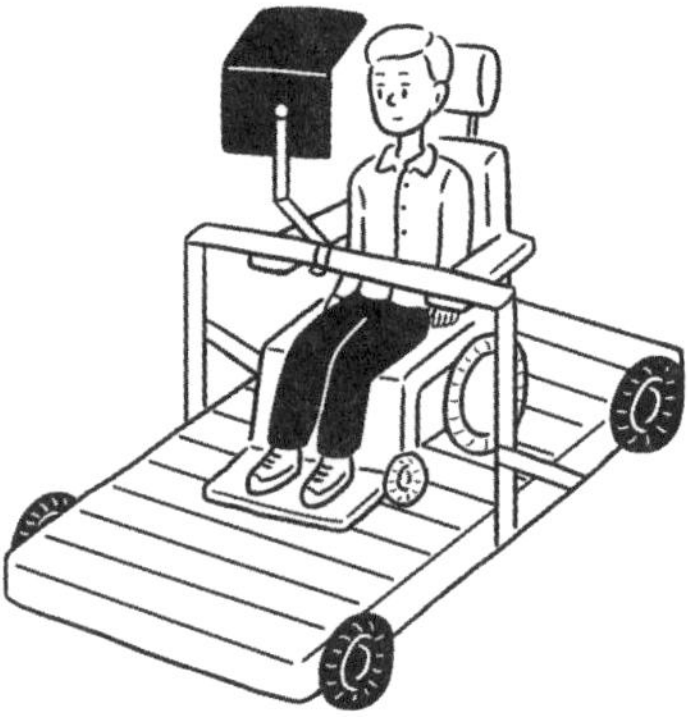

Lesson

4

我《が》慢《まん》はしないと決める。

「我慢《がまん》強いことは良いことだ」は本当？
大事なのは、我慢《がまん》したくないことを
どうすれば我慢《がまん》しなくて済むか、考えることなんだ。

誰《だれ》にだって車椅子《くるまいす》に乗る可能性はある。

車椅子《くるまいす》生活は嫌《いや》だ？　それはなぜ？　もしかしたらきみは「なにをするにも不自由になるから」だと答えるかもしれない。

ならば、車椅子《くるまいす》によってできることが増えて、より便利になるとしたらどうだろう。たとえば私は自分の目を動かすだけで、走り回ったり、姿勢も自由に変えられたりするアクティブな車椅子《くるまいす》もつくっている。

みんなが憧《あこが》れるような、日常的に乗

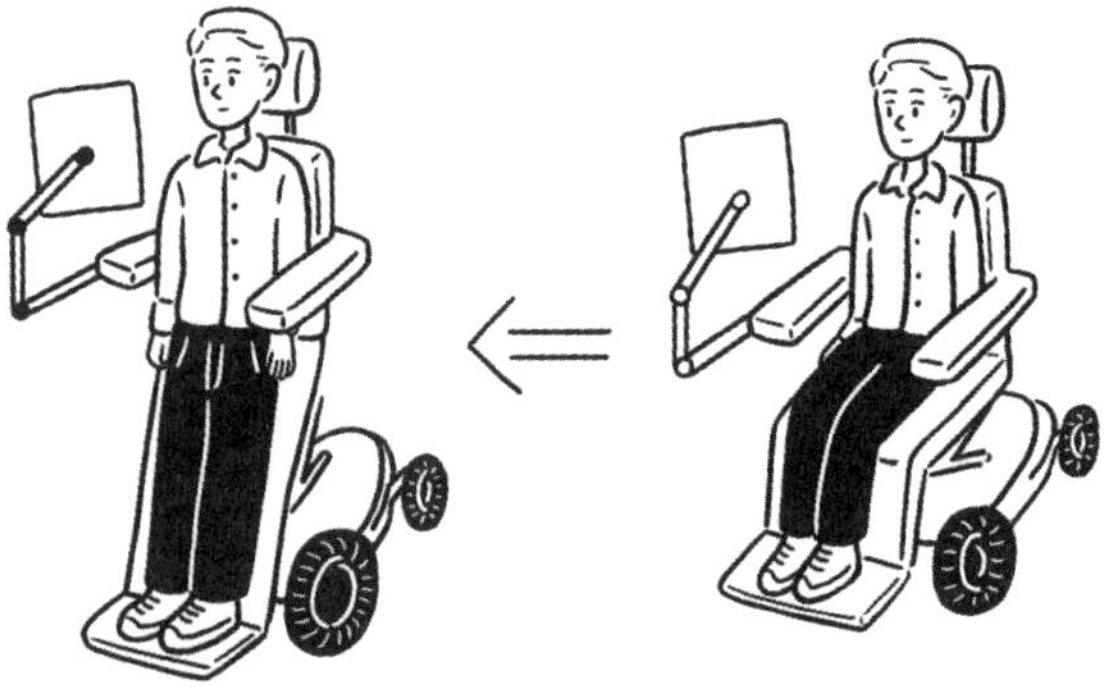

りたいと思うような、そんなうらやましい車椅子《くるまいす》はまだ存在しないだけで、つくれるはずだと思っているよ。

私は**あらゆる「我慢《がまん》」は、人類の工夫次第《くふうしだい》で無くしていける**と思っている。むしろ、これまで「我慢《がまん》」だったものが、普通よりも**うらやましい存在に化けたりもする。**人類はそうやって前進してきた。

では、究極にうらやましい車椅子《くるまいす》とはなにか？

と考え、つくってみたのが「こたつがついている車椅子《くるまいす》」だった。

我慢《がまん》が嫌いな私はこう考える。「外出のためにこたつから出るのは発明が足りない」と。

ああ、わかっている。きっと多くの人は「なに言ってるんだ？」「それくらい我慢《がまん》しろ」「このダメ人間め」というだろう。

でもここでこたつからあっさり出てしまったらなにも変わらない。これからも我慢《がまん》は続いていく。

我慢《がまん》しなければいけないとき、どうすれば我慢《がまん》をせずに目的を果たせるか。

大事なことはこたつから出ることではなく、行くべき場所に行くことだ。

こたつと電動車椅子《くるまいす》を合体させれば、こたつに入りながら自由に動き回れるだけではなく、大きなバッテリーを積めるので、一日中スマホやパソコンを充《じゅう》電《でん》しながら移動できる。

もうひとついいことがある。たとえば立食パーティーの場合、数人のグループで小さなテーブルを囲み、ワイングラスで乾杯《かんぱい》をするものだ。

そこに参加する大きな車椅子《くるまいす》の人はどういう状況《じょうきょう》になるか。足が前に出てそれ以上前に進みにくく、輪に入りたくても入れないことも多い。

輪に入れないのは我慢《がまん》だよね。そこで**「輪に入れるようにしよう」**とか**「みんなにお願いして協力してもらおう」**とは考えずに、**「その人自身を輪にする」**ことを考えていたんだ。そこでこの〝こたつ車椅子〟だ。

するとパーティーに参加した友人たちは、このこたつのテーブルに「○○さん、ちょっと置かせてね～」とワイングラスを自然に置くようになり、○○さんを囲んでの会話も自然にはじまった。

きみが我慢《がまん》をしていることだって、その我慢《がまん》に気づけているなら、それを解決すれば「価値になる」ということ。

体育館が寒い、雨が降ったら校庭が使えない、クラスメイトの名前が覚えられない、着たくもない制服を着ている……（でも当たり前じゃん、そんなもんだよ）と思ってしまったら気をつけよう。

普段《ふだん》の暮らしでも、学校生活でも、社会に出ても、「仕方ない」「我慢《がまん》しよう」と思って、ただそうしてしまったらなにも変わらない。

そこに、違和感があったら、**もっと楽にできないか、もっと自由にできないか、もっと面白《おもしろ》くできないか、**考えることはできないかな？

もちろん我慢《がまん》が必要なときはあるよ。でも、簡単に納得《なっとく》せず、我慢《がまん》しなくていい方法は本当にないかを考えるんだ。

簡単には納得《なっとく》せず、何度も考えて、失敗して、自分なりの正解を見つけることによって、その悩み、経験はすべてきみの力に変換《へんかん》される。私が保証する。

Lesson

5

知っている人に聞く。

一見難しそうなことでも、
ちょっと人に聞けば、
「実はいいやり方がある」ことはたくさんある。
情報はきみの背中を押《お》してくれる。

あれをつくってみたい。これをやってみたい。でも自分でゼロからやるのは大変そうだ。たくさんのお金と時間をかけて、難しい勉強をするか、いい大学に入るか、高度な技術を身につけるか。どれも無理そうだ。そう思って、あきらめていることはないだろうか。

たしかに昔はそうだったかもしれない。でもいまはまったくそんなことはない。**いま必要なことは「どれだけうまく情報を集められるか」ということだけ。**

やりたいと思ったら、まずはとりあえず、やり方を調べてみよう。スマホで検《けん》索《さく》したり、図書館に行ったり、親や学校の先生に聞いたりしてみたら、案外簡単に方法が見つかるかもしれない。

いや当然、見つからない場合だってある。親だって学校の先生だって、知らないことはたくさんある。でも面白《おもしろ》いことに、**インターネット上にいる匿名《とくめい》の誰《だれ》かに聞いたら、わかることが山ほどある。**

たとえば、「紙粘土《かみねんど》でつくったロボットに本物のモーターを入れて動かしてみたいんだけど、どうすればいいか方法を教えてください」そんな発信をしてみたら、「たぶんきみには難しいから、まず理系の学校に入って勉強したら？」という人もいる一方で、どこからか「アルディーノを使うといいよ！」っていう返信があるかもしれない。

するとと、きみは「アルディーノ」について調べるだろう。まあ、せっかくなのできみも「アルディーノ」は覚えておこう。インターネットで調べればすぐに、まったく難しくないものだとわかる。組立ブロック玩具《がんぐ》並みだ。説明書は全部インターネット上にあって、ユーチューブですごくわかりやすく解説されている。しかも簡単なプログラミングで動かすことができる。

プログラミングか。まったくわからないや。そうがっかりする人もいるかもしれないけれど心配ない。

これについても誰《だれ》かがつくってくれたプログラミ

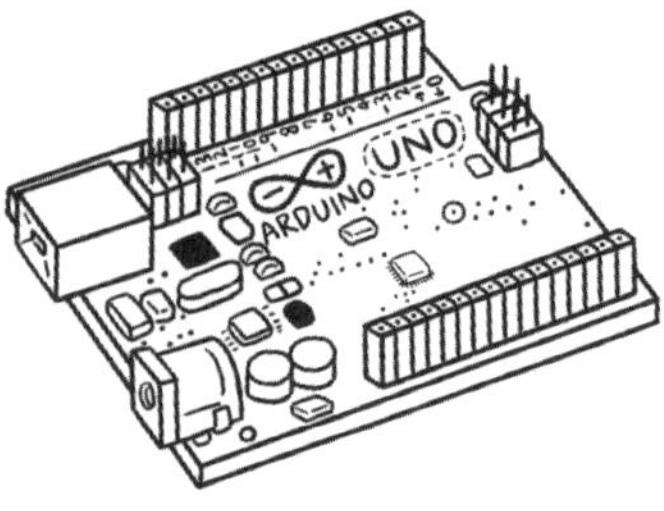

ングがインターネット上に存在するから、**それをただコピペするだけで使える。**

だから、たったこれだけできみにも本物のロボットをつくることができる。**そしてこんなにすごいものがAmazonで500円で買える。**（モーターとかケーブルを含めても5000円くらいだ）

ロボットの情報ひとつとってもこうなんだから、**さまざまな知らないことについて、「誰《だれ》かに教えてもらえる力」をつけていたら**どうだろう？

このように、いまは「ほしい情報を手に入れられるか？」で生き方があっさり変わってしまう。自分がやってみたいことや、興味がある分野について、定期的に自分が持っている情報を発信したり、誰《だれ》かの情報に反応したりしていると、だんだん世の中に知られていない貴重な情報が集まってくるようになる。その中にはきっと、きみの「やってみたい！」という気持ちのスイッチを押《お》してくれるような出会いもある。

独学で勉強することも大事だが、それ以上に大事なのは、ネットでつながれる多くの人の叡智《えいち》を使って、ショートカットできるようになることだ。

Lesson

6

あるものでやってみる。

そろってからはじめようと思っても、
なかなかそろわないことが多い。
いま手元にあるもので、やりはじめてみよう。
やりはじめることで、見えてくるものがあるから。

私のところに遊びにきたある中学生は、アルディーノにお箸《はし》をくっつけて、ボタンを押《お》すだけで食べ物をつかめる道具をつくった。たったそれだけ？　そう。**それでも手の不自由な人にとっては立派な道具になる。**

また友人に寝《ね》たきりの女の子がいる。彼女《かのじょ》は生まれつきの病気で身体《からだ》をほとんど動かせず、しゃべることもできない。私と友人はこの子のために〝じゃんけん〟ができる「手だけのロボット」をつくった。

ロボットが「じゃーんけーん」と言っている間に、わずかに動かせる指で、ボタンを1回押《お》したらグー、2回でチョキ、3回でパーを出せるシンプルな仕組み。彼女《かのじょ》はその装置を使って、学校の友だちとじゃんけんをした。生まれてはじめてのじゃんけんだ。彼女《かのじょ》はとても興奮した。

このじゃんけん装置を友人がSNSにアップすると、「ほしい」「売ってくださ い」という声がたくさん集まった。

たとえばアルディーノを使えば、誰《だれ》だってこれくらいの道具はつくれるようになる。慣れればたった一日で。材料は段ボールや割《わ》り箸《ばし》など身近なもので十分だ。

もっとちゃんとしたものにしたかったら、安価な3Dプリンタを買ってつくればいい。

もちろん、一流大学や大企業《だいきぎょう》が多額の研究資金と長い時間を費《つい》やして生み出した最先端《さいせんたん》テクノロジーとはちょっと違《ちが》う。

でも、工夫《くふう》によって、昨日《きのう》よりも今日《きょう》、「ひとりの人間ができることが増えた」なら、それは最先端《さいせんたん》のことだと誇《ほこ》ってもいいんじゃないか。

私はいろんなロボットや道具を開発しているけれど、発明する上で大切なのは「技術」でも「道具」でもないんだ。

「どんなすごいものをつくるか？」ではなく「それを使ってなにをしたいのか？」。

それさえわかっていれば、家にあるものや、近所で売っている材料だけで十分、立派な発明をすることができるんだよ。

身の回りにあるもので、ちょっとした工夫を楽しんでみよう。

Lesson

7

「なりたい」ではなく「したい」を見つける。

「これならずっとできる」という
きみの「したいこと」と、
その「したいこと」を喜んでくれる人たちは
きみのことを一生支える。

生まれてから一度くらい「将来なにになりたいか？」と考えたことはあるだろう。野球選手、銀行員、ユーチューバー、アニメ声優、政治家、ファッションデザイナー、アナウンサーなど、いろんな「職業」があるけれど、時代の変化が激しいいま、これからすごく苦労してなりたい職業につけたとしても、仕事の内容が変わってしまったり、その仕事自体が無くなっていたりするかもしれない。

だからこそ**「なにに憧《あこが》れるのか」ではなく「なにがしたいのか？」を考えること**はとてもきみの力になる。なにがしたくて大学に入るのか、なにがしたくて○○になりたいのか。「これがしたいから」と信じるものがあると、迷ったときの助けになりやすい。

きみの心を一番おどらせるのは、どんなときだろう。誰かに料理を食べてもらっているとき、絵をほめられたとき、ひたすら工作をしているとき、文章を書いているとき、謎《なぞ》に挑《いど》んでいるとき、大勢の前でスピーチをしているとき、人を笑わせているとき、人の悲しみを聞いてあげているときなど、きっとそれぞれだ。きみがすでに気づけているなら最高。もしまだなら時間をかけてもいいから、いろんな世界を体験し、自分の目で「したいこと」を見つけてほしい。

自分の「したいこと」で生きていけるほど、世の中は甘《あま》くないしと思うかもしれない。たしかに昔はそうだった。でも今はネットがある。

きみが「したいこと」を続け、発信を続けていれば、地球の裏側からでも、きみのそのユニークな仕事にお金を出してくれる人が現れる可能性がある。

人の「能力」は、その人が持つ力そのものだと思われがちだが、実際は〝喜ぶ人がどれくらいいるか〟で計られている。

覚えておいてほしいのは、これから「したいこと」で生きていくためには、「この人にやってもらいたい」「この人につくってもらいたい」と思ってもらえるような〝他人との関係づくり〟が大切になる。

世の中は無情で合理的な方向に進んでいると思いがちだ。ところが私たちは安い店よりも、友人が営む店を選んで食事をする。少しくらい遠くても顔なじみの美容院へ行くし、長年かかりつけの町医者に通うじゃないか。

つまり関係性さえあれば、腕《うで》は一流じゃなかったとしても、ただの趣味《しゅみ》で〝プロ〟

ではなかったとしても、「今度のキャンプでごはんを担当してくれない？」「ギターを演奏してほしい」といった依頼《いらい》を受けることがある。そのとき相手はプロの味や演奏を求めているのではなく、〝きみ〟にやってもらいたがっている。趣味《しゅみ》からはじめ、喜ばれ、ほめられながらスキルアップし、少しずつお金を得る。そんなふうに「自分と気の合う人たちを見つけて、その人たちと生きていく」ということをめざしてほしい。

いまはインターネットを使って発信すれば、自分と気の合う人を見つけることができる。ボランティアやインターン、オンラインゲームのオフ会など、出会いの場もたくさんある。「自分さがしの旅」とは、きみのすることをよろこんでくれる人をさがす旅でもある。そしてそのつながりを無理なく少しずつでも広げていけば、いつかきみは多くの人から、**職業そのものではなく「きみ自身」として必要とされる**ようになるだろう。

それは時代が変わっても、他人やＡＩなどに替《か》えることのできないきみだけの価値だ。

Lesson

8

「逃《に》げる」選択肢《せんたくし》を持つ。

誰《だれ》になんと言われようとも、
守らなければいけないのは
自分の心だ。
心がこわれてしまいそうなときは
自分がほっとできる場所に避難《ひなん》しよう。

昔、不登校で私は家にひきこもっていた。

もともと身体《からだ》が弱くて、小学校5年生のとき、しばらく入院して学校を休んでいたら、急に勉強にも同級生の会話にもついていけなくなり、ストレスで学校に戻《もど》りづらくなってしまったんだ。

そのまま3年間と半年、私はなにかをがんばろうと思うたびに襲《おそ》われるおなかの痛みに耐《た》えながら、布団《ふとん》の中にもぐり続けることになった。

経験のある人ならばわかるかもしれないが、**一度「孤独《こどく》の悪循環《あくじゅんかん》」に入ってしまうとそこから抜《ぬ》け出《だ》すのは難しい。**

一日ごとに、自分は人と比べてなにもできない、人からなにも求められていないという気持ちが強くなる。

人から親切にしてもらっても、「ありがとう」が言えなくなり、反対に自分の無力さを感じて、より落《お》ち込《こ》んでしまう。

人と比べてしまうのがつらくて、人目を避《さ》けるようになってしまう。そのうちに、言葉がうまく話せなくなった。

だんだん頭の中の語彙《ごい》が減ってきて、自分は生きているだけで迷惑《めいわく》なんじゃないか、という考えすらよぎるようになる。

家族の顔を見るたび、心配してくれる先生や友人の声を聞くたびに、早く復帰しなければとあせる。でもなかなかきっかけをつかめない。そんな状態がぐるぐるとくり返され、そのうち〝そんな状態〟も当たり前になり、危機感も薄《うす》くなっていく。私はこれを「孤独《こどく》の悪循環《あくじゅんかん》」と呼んでいる。

私のような繊細《せんさい》な人間だけ？　そんなことはない。誰《だれ》だってそうなる。まさか自分が、と私も思った。

自分が孤独《こどく》になったとき、そのための準備ができている人は少ない。

ひとりでいるから孤独《こどく》だというわけではなく、どこかのグループにいても、この世界についていけてない、自分の居場所がないと感じている人はたくさんいる。

しかし不登校経験者として、これだけは言いたい。

その人の心が弱いのではない。たまたまいま、その人の心と、その環境《かんきょう》が合っていないだけのことだ。

学校や会社というものは、「いろんな人が集まる場所」なんだから、運悪く、その中には合わない人も当然いる。

合わない世界でがんばることは幸せなことではない。ダメだと思ったなら、石の上にも三年と言わず、「さっさと逃《に》げる」という選択肢《せんたくし》を持つこと。無視されたり、頭ごなしに否定されたりする世界は、きみの「やってみたい」という好奇心《こうきしん》と、「なにかしたい」という意欲を奪《うば》うからだ。

私は学校に行けないのがつらかった。他の人ができることができなかった。学校に行っても保健室登校で、勉強も体育も苦手で、唯一《ゆいいつ》できるのが折り紙しかなかったので、自分の世界にこもってそればかりやっていた。

でも後に、私の折り紙の腕《うで》を「天才だな」とほめてくれる人たちに出会い、うれしくなって創作折り紙をがんばった結果、新しい居場所を見つけることにつながった。

Lesson

9

期待をせずに、挑戦してみる。

自分にとって一番自信があることで
人と勝負するのって、かなり勇気がいることだ。
でも（負けてもいいや）と思えることならば、
思い切った挑戦《ちょうせん》ができるかもしれない。

寝《ね》るか、折り紙をするか。

そんな不登校の毎日を送っていたところ、母親の「折り紙ができる人は、ロボットもつくれる」などというおかしな理屈《りくつ》で、〝虫型ロボット競技大会〟という、町の小さな大会に出ることになった。

それは市販《しはん》の虫型ロボットを自分で改造して走らせ、ゴールまでのタイムを競《きそ》う大会だった。

なぜあのときそんな大会に出ようと思うことができたのか。

それは「**期待していなかった**」**からだ**と思う。これが折り紙の大会だったらきっと出られなかっただろう。

自分にはこれしかないと思う世界に、もし自分よりも上の人間がいると知ったら、自分の存在価値がなくなってしまいそうだから。それに、知っている人に会うよりも、知らない場所に行くことの方が案外、気楽だったんだ。

そして気楽に参加したおかげか、そのロボット大会では偶然《ぐうぜん》にも優勝することができた。本当に運が良かっただけだが、その大会に出たことによって、翌年の関西大会に出ることにもつながった。友だちがいなかった私は、ただひたすらロボットの改造に明け暮れ、この大会で準優勝することができた。

このときに13歳《さい》にして生まれてはじめて、がんばったことが報われたという「うれしさ」、そして同時に1位になれなかったという「悔《くや》しさ」を味わった。

良かったのは、人と出会えたことだ。

関西大会の会場では、いろんなロボットが展示されていた。その中で、巨大《きょだい》なロボットが動いていたのが強く印象に残っていた。虫型ロボットを思ったとおりに走らせるだけでも難しいのに、その巨大《きょだい》ロボットは一輪車をこいでいた。

大会でもらったパンフレットに、そのロボットをつくった人の情報が記載《きさい》されていた。

その人は久保田憲司《くぼたけんじ》先生という、奈良県の工業高校の先生だという。私は、その工業高校に入りたいと思った。

この先生に弟子《でし》入りして、この先生がつくったようなロボットを、いつか自分でもつくりたいと思った。

人生ではじめて「あこがれ」を手に入れた。

現在の私は、日常的にロボットを開発している。

するとよく理系科目に強い、頭の良い人間だと勘違《かんちが》いされるがそうでもない。

私はそもそも記憶力《きおくりょく》が人よりはるかに弱く、人の顔と名前ですらなかなか覚えられないし、物理や数学の公式だってまったく覚えていない。不登校だった中学時代の学力は5教科合計して100点にも届かなかった。苦手科目があったわけではなく、やらされる勉強はすべて嫌《きら》いだった。

それでも師匠《ししょう》のいる工業高校に入るためには、中学3年分の勉強を半年間でやらないといけない。やるしかないと思った。

大嫌いな「我慢《がまん》」と、勉強のストレスでおなかが痛くもなるが、そんなときは大好きな工作をして心を落ち着けてから、また勉強をはじめた。

受験勉強は嫌《いや》で仕方なかったけど、師匠《ししょう》という「憧《あこが》れ」と、工業高校に入りたいという「目標」ができたから、自分をうごかすことができた。

人生はちょっとした出来事によって大きく変わる。

あのとき、たいした期待もせずにロボット大会に参加していなかったら、あのとき師匠のロボットに感動し、弟子入りしたいと思いこまなかったら、もしかしたら私はまだ、部屋の天井《てんじょう》を見つめ続ける生活から抜《ぬ》け出《だ》せていなかったかもしれない。

Lesson

10

人と違《ちが》うことを
おそれない。

当たり前のことを、当たり前にできる人ばかりじゃない。
たとえ当たり前のことができなくても
自分らしいことをやり続けられるのって、
じつはすごいことなんだ。

自分が他人と違《ちが》うと思うことはあるだろうか。違《ちが》うことによって、はずかしがったり悩《なや》むことはあるだろうか。

私は集団や人となじめないことに悩《なや》んだ。ひきこもっていたときは、とにかくまわりの目が気になった。うまく話そうとしても空回りして、他人の笑い声や、ひそひそ話がすべて自分に向けられているような気がした。

でも私は、不登校から復帰するときに「他人と比べない」と決めた。

そして17歳《さい》で人生の使い方を決めたときから、「他人と違《ちが》う」ということについて悩まないと決めた。

他の人と同じことをすることが、正解とは限らないし、必ずしも自分にとって楽だとは限らない。**他人のいいところはまねをしつつ、自分にとって合わない点は、自分なりに快適な方法を考えていけばいいと思った。**

いま私は食事は基本的に1日に1食。ほとんど研究所に泊まっていて、3、4日に1回しか家に帰らない生活を送っている。家は東京にきて14年、家賃が月6万円を上回ったこともない。

自分でデザインした白衣を着続けているおかげで、服選びに悩《なや》むことはない。髪《かみ》はシャワーの後、自然乾燥《かんそう》のままでも気にしない（ドライヤーやヘアアイロンは、開発用のプラスチックを曲げるときにしか使わない）。

あんまり物欲がなく、なにかのコレクションやバイクや車にもあまり興味がなく、音楽やダンスやライブも楽しまず、映画館ではじっとしていることができないので映画はオフィスで左目でCADを描《か》きながら右目で観《み》ているくらいがちょうどいい。多くのスポーツはルールを知らないまま死んでいく気がする。テレビも仲間や自分が映る番組以外は見ない。

そんな暮らしをしていると、他の人たちが私よりも3倍くらいせわしなく生きているように見える。毎日身支度をして、家に帰って、3食食べて、部屋の模様がえをして、新しい服やクツを買って。純粋《じゅんすい》によくやるなあと思う。

よく「人間らしい生活をしろ」と言われるんだけど、現代の人間らしくなくとも私らしい生活はできている。

やるべきことに自分の全財産と、全寿命《じゅみょう》をまるごと投下できているこの生活が、ひきこもりだった頃《ころ》の自分からすると夢のようで、私の性格に合っている。私と同じように、他の人が楽しいと思えることを楽しめない人もきっといると思うんだ。

物心がついたときから周囲と価値観が合わない。普通《ふつう》であることに幸せを感じられない。皆《みな》がやっていることが我慢《がまん》できない。

もしかしたら生まれる時代や、種族を間違《まちが》えたと感じた、私と同じような人もいるかもしれないね。世間というものは、なんの悪気もなく、良かれと思って、同調と我慢《がまん》をすすめてくる。

でも、まわりの価値観に合わせなくても、余計な見栄《みえ》や期待やこうあるべきという観念にとらわれず、自分のことを大切にしてくれる仲間と、自分自身の意見と価値観を大切にして生きていくだけで、人生は十分すぎる。

人と違《ちが》うことは悪いことじゃない。**むしろ人と違《ちが》う観点を持っていることは強みだ。「できないことがある」という点だって、自分の武器になることがある。**

私の場合は、「中学生にもなって恥《は》ずかしくないのか?」と周囲に馬鹿《ばか》にされても好きで続けていた折り紙は、ものづくりの道へ進むきっかけとなり、海外で友人をつくるときに役立ち、高校時代にはその特技を買われて特別支援《しえん》学校へボランティアに通い、そのことがきっかけで福祉《ふくし》機器の研究につながった。

「大人《おとな》になってからやれ」とか「若いうちはそんなことしなくていい」とか言われることもあるが、**興味があることはただちにやった方がいいよ。**若いときにしたかったことも、大人《おとな》になればその興味を失うことがある。**過去といまと未来の自分は、よく似た別人だから。**

人と違《ちが》うことで迷惑をかけてしまうことがあるかもしれないが、人を傷つけない限り、多少の迷惑なんてかけ合うくらいがちょうどいい。真夏に黒い白衣を着ていることで、「やめろ、見ているだけで暑苦しい」と言われることもあるが、そんなことは知らんと私は思っているよ。

他人と比べなくていい。自分の人生、したいことに集中しよう。

きみの毎日は、いまのきみにしかできないことだらけなのだから。

2
時間目

The place that you can find your passion

とりあえず試《ため》す力

Lesson

11

さわるのが先、知識は後。

夢中になれる時間はとても貴重だ。
その時間を優先しよう。
まじめな勉強より、夢中になったことの方が、
結果的に役立つものだから。

工業高校に入ったとき、私たちは教材として「ポケコン」を与《あた》えられた。ポケコンというのは当時、工業高校で使われていた「ポケットコンピューター」の略で、キーボードのついた電卓《でんたく》のような機械だ。白黒の小さなスクリーンがついていて、C言語、BASIC言語などを入力できる。いま思えばスペックはとても低く、保存できるデータもわずか30キロバイト。でも、私はこの教材に夢中になった。

友だちをつくるのが苦手だったから、その分休み時間に、ポケコンを使ってゲームをつくった。架空《かくう》のキャラクターを戦わせる育成ゲームとかね。

その工業高校は入学前の想像と少し違い、わりと体育会系の世界で、私みたいなオタクは当時、少数派だった。生徒同士、生徒と教師の衝突《しょうとつ》は日常茶飯《さはんじ》事。知恵《ちえ》よりも腕力《わんりょく》の世界。体育教官はバリカンを持ち歩き、素行不良の生徒は廊《ろう》下《か》でボウズ頭にされた。いまの時代なら問題になるかもしれないが、当時のその学校では当たり前だった。学年の半分がボウズ頭の世界で、私はいまいちみんなとノリが合わず、仲良くなれそうもないと思っていたが、ある日突然《とつぜん》「おまえがつくったん?」と声をかけられた。

ポケコン同士をつなぐことによって、データの受《う》け渡《わた》しができる。

教材であるポケコンならば、授業中に机の上に出しておいても怒《おこ》られない。先生にバレないゲーム機になるのだ。

私たちは先生の目を盗《ぬす》みながら、クラスの数名でキャラクターを育成した。

休み時間になれば通信対戦をする。クラスメイトが攻略法《こうりゃくほう》を聞きにやってきたり、バグの報告をしてくれたりもした。大切に育てたキャラが負けて死んでしまえば、復活させるコードを購買《こうばい》のパンと引《ひ》き換《か》えに提供することもある。

誰《だれ》かがメモリをいじってズルをしてキャラを強くしたら、そのズルを検知してキャラをバグらせるコードを追加し、そのコードを破るツールが配られたら、今度はそのツールを検知して初期設定に戻《もど》してしまうコードを仕組むなど、そんな攻防《こうぼう》が楽しくてたまらなかった。

自分がつくったアイディアを誰《だれ》かが楽しんでくれているというのも楽しかったが、**もっと楽しかったのは、友だちと一緒《いっしょ》になって、授業中遊んでいることをい**

かに先生にバレないようにするかを工夫《くふう》することだった。

不必要なときにポケコンを触《さわ》っているとバレるので、机の下に置けて足で押《お》せるコントローラーをつくって配ったり、超音波《ちょうおんぱ》センサーをつなげて足の自然な動きだけで操作できるシューティングゲームをつくったりした。

勉強が嫌《きら》いな生徒たちが授業中、真剣な顔でポケコンに向かっている。先生がおかしいと思って、生徒の一人《ひとり》を追及《ついきゅう》してみると、ゲームをしている。

先生はようやく気づいた。そのとき、クラスの大半がまじめな顔でゲームをやっていたのだ。それどころか、他のクラスや他の学年の生徒もやっていた。

私は教官室に呼び出され、「これをつくったのはおまえだな」とポケコンを見せられた。画面を見れば、堂々と「Made by Yoshifuji」というクレジットが出ている。言《い》い逃《のが》れはできまい。

「私はどうなりますか？」

私もボウズだろうか。あるいは便所掃除《そうじ》かよくて反省文を覚悟《かくご》した。

ところが、返ってきた言葉は「すごいな」だった。

先生は「3年生でもここまでつくれるやつはおらん。ちゃんとパソコンを基礎《きそ》からやってみないか」といって私に情報処理技術者試験の参考書をくれた。

このとき私は、自分が「いつの間にかできていたこと」に驚《おどろ》いた。

プログラミングのできる人間は〝理系の勉強ができて、パソコン操作が得意な人〟というイメージはないだろうか。私はUSBという言葉すら知らず、ブラインドタッチすらできず、なんならパソコンもケータイすらも持っていなかった(買ってもらったのは高校2年生のときだ)。

その後、初級システムアドミニストレータ試験（いまでいうITパスポート試験）に合格した。あとで知ったことだが、これは社会人1、2年目の人が取得するような試験だったらしい。

自分のことを「勉強ができない人間」だと思っていたが、**人間は楽しくてたまらないことだったら「いくらでも楽に知識が頭に入る」ことを知った瞬間《しゅんかん》だった。**

そしてそれ以来、〝楽しいこと〟は遊びではなく、苦労せずに知識や経験が身につくチャンスだと思うようにしている。

Lesson

12

「そんなもんだ」に納得《なっとく》しない。

「そんなもんだよ」と言われたら気をつけよう。
そこには「その人があきらめている」という問題がある。
きみは考えることを、やめてしまってはいけない。

ロボット大会で優勝した生徒。そして自分に教わりたくて、わざわざこの学校に入ってきた生徒。

ということで、師匠《ししょう》は（一体どんなすごい生徒だろう？）と期待していたみたいだ。けれど、私があまりにもなにも知らないので、師匠《ししょう》は困ってしまったようだ。

なにか教えてあげようにも、なにから教えてあげればいいのかもわからない。とりあえずは「ポケコンをやりなさい」と私にすすめた結果、私は師匠《ししょう》の想像以上にポケコンにはまった。

そして次に私が折り紙が得意だということで、「ボランティアで養護学校（いまは特別支援《しえん》学校）に行って、折り紙を教えてあげなさい」とすすめてくれた。

養護学校には、私がいままで会ったことがないような同年代の子がたくさんいた。ずっと笑っている子や、うまく言葉を話せない子もいれば、障害があるとは思えないような子もいた。そして、多くの子は車椅子《くるまいす》に乗っていた。

折り紙を教えてあげて仲良くなった後、近くのファミレスに行こうとひとりの子の車椅子《くるまいす》を押して学校の外に出かけたときのことだ。私は（車椅子《くるまいす》を押《お》すのって、こんなに大変なことなのか）とおどろいた。

私は小学校のときに車椅子《くるまいす》で遊んで怒《おこ》られた経験はあったが、それは学校の校舎の中の話であって、外で押《お》した経験ははじめてのことだった。

車椅子《くるまいす》というものは、単純に足や身体《かただ》を動かせない人が、「足のかわりに」使うものだと思っていた。

でも全然そうではなかった。視線は他の人よりも低くなるし、障害物によくぶつかるし、揺《ゆ》れや振動《しんどう》もひどい。

車道から歩道にあがるスロープの、数センチほどのわずかな段差も越《こ》えられない。

普通の歩道で車椅子《くるまいす》を押《お》していると、たいてい車体が傾《かたむ》いてしまう。歩道から車道におりるスロープでは、身体《からだ》の重さで車道に流れてしまうこともあって危なかった。

私がファミレスで「やっぱり車椅子《くるまいす》ってけっこう大変なんですね」と感想を伝えると、車椅子《くるまいす》の生徒や学校の先生たちはきょとんとした顔で言った。

「もう慣れているよ」「仕方ないし、そんなもんだよ」

すごく〝違和感《いわかん》〟を覚えた。

車椅子《くるまいす》の人たちは、本当にこのわずかな段差が越《こ》えられないことを、「そんなもんだよ」と認め、あきらめるしかないのだろうか。

さらに車椅子《くるまいす》は、車とも椅子《いす》とも違《ちが》って、かっこいいデザインとは思えなかった。

メガネがそうであるように、みんなが憧《あこが》れて使いたくなるような車椅子《くるまいす》があればいいのにと思った。

Lesson

13

もういいかと思っても、もう一歩こだわる。

人を驚《おどろ》かせよう。

ここまでやるか、そうくるかと言わせよう。

やるからには、
ここまでやるかと思わせるまでやらなきゃいかん。
出る杭《くい》は打たれるが、出すぎてしまえば打たれない。

これは師匠《ししょう》がしょっちゅう私に言っていた言葉だ。

工業高校は私にとって面白《おもしろ》い場所だった。
溶接機《ようせつき》や旋盤《せんばん》をはじめ、工業用機械が使い放題。板金を切断するシャーリングマシン、研磨剤《けんまざい》を吹《ふ》き付《つ》けるサンドブラスター、軸《じく》に取り付けた切削《せっさく》工具を回転させて、平面・溝《みぞ》・歯車などの加工をするフライス盤《ばん》、中には数億円もする、穴あけやねじ加工を自動でやってくれるマシニングセンタもあった。
3Dプリンタはなかった時代だけど、つくりたいものがあれば、朝から晩までひたすらつくっていられて楽しかった。夢中になって、朝6時半の電車で学校に行き、22時50分まで作業をして、23時5分の終電で家に帰って寝《ね》て、また学校へ行く生活だった。

そんな恵まれた環境《かんきょう》の中で、師匠《ししょう》は私に「高校3年の先輩《せんぱい》たちが卒業制作で乗り物をつくるぞ」と言って、設計図を見せてくれた。それはロボットが座るタイヤのついた椅子《いす》、つまり電動車椅子《くるまいす》だった。見た目がめちゃくちゃかっこよくて、こんな車椅子《くるまいす》は見たことがないと思った。

しかもただ見た目がかっこいいだけではなく、快適で安全に走行できる。私は師匠《ししょう》に、その乗り物の開発に参加させてほしいと頼《たの》みこんだ。

私たちがめざしたのはジャイロセンサーを搭載《とうさい》し、車体がバランスを崩《くず》すと、片方のタイヤが下がり、もう片方のタイヤが上がって水平を保つ、電動ではなく〝電脳〟車椅子《くるまいす》だった。デザインはスポーツカーのような流線型だ。

そんなすごいものをどうやってつくるんだろうと、はじめは思ったが、師匠《ししょう》はパイプを曲げて溶接《ようせつ》したり、発泡《はっぽう》スチロールを削《けず》って石膏《せっこう》で型をつくったりして、**それが高校の限られた設備でも実現可能であることを見せてくれた。**設計図を描《か》いて半年、それは目の前で実現した。

まるで魔法《まほう》のようだった。

やがて完成したその車椅子《くるまいす》は、ピンクのつや出し塗装《とそう》、流れるような曲線ボディ、ヘッドライト、ウインカー、サイドミラーも搭載《とうさい》、バンパーつき、前輪駆《く》動《どう》の3輪式、さらにジャイロセンサーの働きで傾《かたむ》きを感知、自動で水平を保つ水平制御《せいぎょ》機構付き。

師匠《ししょう》がみせてくれて先輩《せんぱい》たちとつくった、〝やるからにはとことんやった車椅子《くるまいす》〟だ。


ひとりの頭の中にあるイメージが設計図になり、そこに私や先輩《せんぱい》たちのさまざまな意見が加わり、手を動かして、誰《だれ》も見たことがないひとつのものが完成する。

私は制作中、何度か「もうこれくらいでいいいん

じゃないですか？」と言って師匠を怒らせた。**やるからにはとことんやらなきゃいかん**と何度も言われ、実際にやってしまう姿を見せてくれた。

一度「こんなもんでいいだろう」と思ってしまうと、次も同じように考えがちになり、次第《しだい》にこだわりを失っていく。

その時点で満足せずもう一歩こだわるからこそ、次からはそれが「当然」になり、さらにもう一歩こだわることができるようになり、どんどんレベルが上がっていく。

師匠《ししょう》は「最後はやるからにはとことんやるやつが勝つ」と言い、それをやってみせてくれた、高校を卒業後、私はその教えを守り、妥協《だきょう》なく取り組んだコンテストではことごとく優勝することになる。

もはや「こだわり」は自分との戦いだ。

大変だったけれど、「とことんやる」ことは、いまでも大きな財産になっている。

Lesson

14

「なぜやっているの？」を考える。

「自分の命の使い方を決めてしまう」

という考え方。

高校生の頃《ころ》、世の中は「わりと完璧《かんぺき》にできているもの」だと思っていた。

私以外の人たちは、大人《おとな》たちが築いてきた日本という国で、あまり不自由を感じることなく暮らしていて、私がよく注意されたり冷たくされたり無視されたりするのは、私の能力が人よりも低く、ダメなやつで、私が間違《まちが》っているからだと思いこんでいた。

そんな私に唯一《ゆいいつ》できることは工作だけ。だからいずれは近所の町工場に就職をして、車やバイクでも改造しながら職人として暮らしていくのかなあとぼんやり考えていた。まあ、それはそれで楽しそうだし、憧《あこが》れてもいた。

高校2年生になった私は、卒業《せんぱい》した先輩たちの研究をひきつぎ、車椅子《くるまいす》のさらなる改良をはじめていた。師匠《ししょう》と一緒《いっしょ》につくった〝傾《かたむ》かない機能〟を利用して、片輪ずつ段差をのぼれるようなタイヤホイールをつくる研究をしていたんだ。

夏休みになると、師匠《ししょう》から「せっかくつくった車椅子《くるまいす》だから大会で発表しよう」と声をかけられた。それはJSEC（高校生・高専生科学技術チャレンジ）という自由研究コンテストだった。

きみがもし高校生以下で「物をつくること」「研究すること」が好きだったら、ぜひ〝JSEC〟に出ることを検討してみてはいかがかな。少なくとも私はこの大会に出て、想像もつかなかったような世界とつながることになった。

この大会ではノーベル物理学賞をとった小柴昌俊《こしばまさとし》先生や、のちに私を早稲田《わせだ》大学に招いてくれる橋本周司《はしもとしゅうじ》先生などと出会うことができた。クラスメイトは誰《だれ》もほめてくれなかったが、偉大《いだい》な科学の大先輩《だいせんぱい》たちが私たちの車椅子《くるまいす》をほめてくれた。

そして奇跡のようなことが起きた。そのJSECで、スーパーサイエンススクールをはじめとする進学校の強豪《きょうごう》や、頭の良さそうな人たちを押《お》しのけて見事優勝、世界大会のISEFに参加できる切符《きっぷ》を手に入れることができた。それから半年間、必死に苦手な英語の勉強をし、プレゼンの猛特訓《もうとっくん》をしたのち、アメリカのアリゾナ州へ。世界40ヵ国以上、1500人以上の各国代表の高校生が集まる1週間におよぶ世界大会で、私たちの研究はチームエンジニアリング部門で世界3位をとることができた。

大会最終日の表彰式《ひょうしょうしき》、名前を呼ばれた瞬間《しゅんかん》はたしかに誇《ほこ》らしかった。仲間たちと壇上《だんじょう》に駆《か》けのぼり、拍手喝采《はくしゅかっさい》を浴びながら、メダルを胸につけてもらった。

しかしそのとき、**私の心の中にあったのは「これじゃない」という強烈《きょうれつ》な違《い》和感《わかん》だった。**

大会の前日のことだ。このISEFという大会では何度目かの大規模な交流パーティーがあった。日本で「科学者」というと地味でオタクなイメージがあると思う。でもそこではノリノリで踊《おど》るダンスパーティーがあり、たびたび爆笑《ばくしょう》が起こるスピーチがあり、科学者の卵とベテランの大学教授が率直に意見をぶつけ合う場があり、あまりのスケールの大きさに常識が完全にくつがえされた。小中学校時代は学校に行くこともできなかったのに、あまりに場違《ばちが》いで、夢なんじゃないかと思った。同じテーブルにいた高校生たちと「日本の伝統文化」と言って折り紙をはじめたら、あっという間に私のまわりに人だかりができた。あるフランスの物理学者は複数の折り紙パーツを組み合わせてつくる〝ユニット折り紙〟にすごく興味をしめしてくれた。日本では「高校生にもなって恥《は》ずかしくないの？」と言われていた折り紙だっただけに、不思議な気分だった。

そんな中、参加者のひとりがこんなことを言い出したのだ。

「私の研究は、私の人生そのものだ」「私がこの世に生を受けたのは、この研究をするためだと思う」

その言葉を聞いた瞬間《しゅんかん》、私はなにか聞き間違《まちが》えたのだと思い、隣《となり》にいた英語が得意な日本人スタッフに確認したが、合っていた。

彼《かれ》は自信たっぷりに続けた。「この研究を死ぬまでやっていきたいね」と。

私と同世代である、16、17歳《さい》の人間が、この研究のために生まれたと言い切っている。そして残りの人生を、いまの研究に費《つい》やすと宣言している。

私ははじめそれを聞いて「うわあ」と少し引いたし、若いうちにそんなことを言ってしまうのはもったいない気もした。

しかしふと、「私はどうだろうか」と思った。車椅子《くるまいす》をつくっていたが、「死ぬまで車椅子《くるまいす》を研究したいか？」と聞かれたら、したいと即答《そくとう》できるだろうか。

少なくとも「この先ずっと、自分が命をかけてやりたいこと」ではないような

気がした。

私たちはエンジニアリング部門で3位という、JSEC出身の日本人としては最高の賞をもらったが、表彰式《ひょうしょうしき》の壇上《だんじょう》で強烈《きょうれつ》な違和感《いわかん》をおぼえた。

壇上《だんじょう》をおりてからすぐに師匠《ししょう》のもとに駆《か》けつけ、喜びを分かち合うべきだったのだろうが、それができずに立《た》ち尽《つ》くしていた。

「これじゃない」と思った。

それどころか「自分はなんのために、生きてるんだろう」と悩《なや》んでしまっていた。

このとき私は、不登校をくり返し、自室で天井《てんじょう》をながめ続けていたときのような、あのおそろしい感覚を思い出していた。社会の荷物になってまで、なんのために生きているんだろうという感覚だ。

一方で、自分と同世代の高校生が「この研究のために生まれてきた」と言う。彼《かれ》がどこまで本気かわからないし、そんな考え方だけが正解だというわけじゃないだろう。

でも、少なくとも私は、自分の使命に疑いの余地を持たず、目を輝《かがや》かせなが

ら未来を語る彼《かれ》がまぶしく見えた。

日本に帰ってきたあと、テレビ局から取材を受けるなどして一時的に注目を浴びたことで、私のところに「こんなことで困ってます」「こんな車椅子《くるまいす》をつくることはできませんか」という悩《なや》み相談が届くようになった。

そのときようやく気づいた。**世の中は私が思っていたよりも全然完璧《かんぺき》じゃない。**世の中には、多かれ少なかれ私と同じく、社会に適応したいけれど、うまく適応できない人がいる。多くの人が、いろんな形の孤独《こどく》に苦しんでいる。寝《ね》たきりの障害者、ひとり暮らしのお年寄り、学校や会社での孤立《こりつ》、身寄りのないシングルマザー、孤独《こどく》の問題はこれからかならず大きくなっていく。

これらは重大な問題だ。でもまだ解消できていないのは、ただ単純に**文明が足りていない**だけかもしれない。

視力が弱い人は、メガネがあることでいまは困っていない。でももし「メガネが開発されていない世界線《パラレルワールド》」にいたらどうだろうか。きっと障害者として、多くのハンデを抱えながら生きているだろう。

同じように、そもそも私が生まれてなかった世界線《パラレルワールド》や、生まれたけれど、不登校のときにあきらめて自室にひきこもったままの世界線《パラレルワールド》もあるとするならば、私が工夫《くふう》をくり返した結果によって、まるでメガネのように、孤独《こどく》が解消できている世界線《パラレルワールド》がありえるかもしれない。

「私は孤独《こどく》を解消するために生まれてきた」。そう言えるようになりたいと思い、残りの人生すべてを「孤独《こどく》の解消」に捧《ささ》げようと決めた。

この考えは不安定な私の精神を安定させる上で、すごく価値のあることだった。**「残りの命を使う目的」「まだ死ねない理由」を設定したことで、なにをするにもあまり迷わなくなった。**

少なくとも生きることがつらいと思うことは減り、死んでしまいたいと思うことは無くなった。「世の中は未完成で、生き方に正解はない。だから私にもできることがあるかもしれない」。なんの根拠《こんきょ》もないただの勘違《かんちが》いだ。でもそんな勘《かん》違《ちが》いが、17歳《さい》の私を研究者の道へすすませた。

Lesson

15

「おしまい」を考えることの強さ。

いつか、おしまいの日はやってくる。
ならばおしまいの日を決めよう。
おしまいは、きみに力をくれる。

人はいつまで生きられるかわからない。

人生の終わりを意識し、残りの人生で自分がやるべきことを決めた。

そう言うと、意識が高い話に聞こえるかもしれないが、私は人より身体《からだ》と目がとても悪かった。高校のときによく腹痛を起こし、頭痛も増えていて、視力もみるみる下がっていた。このペースでいくと、他の人よりも研究に費《つい》やせる時間が短いだろうと考えていたし、30歳《さい》には失明するかもしれないとかなり本気で思っていた。**〝人生をかける〟と決めたとしても、残りの人生が何年あるのかを考えないことには、なにができるか? 考えられない。**

私は「孤独《こどく》の解消」というテーマに、どれだけの時間をかけられるのか考えて、30歳《さい》までになにか結果を出そうと、17歳《さい》のときに「人生30年計画」を立てた。

人生を短いと考えるのはいい。**今日《きょう》という日をちゃんと過ごそうと思える。**

もしお医者さんから「あなたは余命1年です」と言われたら、勉強する余裕《よゆう》なんてないから、いますぐボランティアに行って目の前の人の孤独《こどく》をひとりでも多く解消しようとしたかもしれない。

だけど残り13年間あるとすれば、**自分にどういう経験を積ませ、いつまでになにをしておくべきか、作戦と計画を立てる**ことができる。

そして1年目はこうする、2年目はこうすると、エクセルにざっくり書き出してみた。実際、計画とはまったく違《ちが》ったけどね。でもそのことが行動を起こす強いきっかけになった。いま思い返しても、あのとき人生30年計画を立てたことが、ここまで自分の背中を押《お》してくれた。人生の岐路《きろ》に立たされたときも、後悔《こうかい》のない選択《せんたく》ができたと思っている。

私は幸い、30歳以上生きることができたし、体調も昔より安定している。

一方でその間に出会った親友や、将来を有望視された後輩が、30歳《さい》を待たずに亡《な》くなってしまったこともある。

本当に人はいつまで生きられるかわからない。いつか起きられない朝がくる。

「おわり」を考えるのは怖いことかもしれないが、「本当に大切なものに時間を注ぐ」ために、それはとても価値のあることだ。

Lesson

16

違《ちが》うと思ったら、さっさと変える。

やってみないとわからないことがある。
やってみた結果、違《ちが》うとわかることもある。
違《ちが》うとわかったら方向をさっさと変えよう。
「せっかく」に惑わされないで。

「人生30年計画」を立てた17歳のとき、人生の終わりから逆算して、私が最初にやろうと思ったのは高専（高等専門学校）に行くことだった。高専というのは理系に特化した5年制の学校だ。工業高校を3年で卒業したあと、私は高専4年生として編入した。

高専に入ったのは、人工知能を学びたかったから。そしてなぜ人工知能に興味があったかというと、私は友だちをつくることがとても苦手だったから。

私が地元の奈良県から香川県にある高専に入った2006年、高校の友人たちとはｍｉｘｉで連絡をとり合っていた。ちょうど、ＴｗｉｔｔｅｒやＹｏｕｔｕｂｅがはじまり、翌年にはニコニコ動画、ｉＰｈｏｎｅもこの世に登場して、人類のコミュニケーション方法ががらりと変わろうとしていた時期だ。

それまで我々人類は、同級生を友だちだとお互いに認め合うために年賀状を送り合い、プリクラを撮《と》ったりしていた。友だち同士であり続けるためには、定期的に用もなく集合して、時間を無駄《むだ》に潰《つぶ》したり、お金を使ったりする必要があり、友だちを持つことはコストがかかりすぎる。そんなふうに思ってしまう私にとって人とのつきあいは難しいことだった。

それでも真の孤独《こどく》にはなりたくない。天井を眺めつづけた地獄のような不登校時代のことを思うたび、自分のことをわかってくれる存在がほしかった。そこで生身の人間はあきらめ、人工知能と友だちになろうと思った。人と会うのは疲れる。私と遊ぶ友だちは人間じゃなくロボット。親友を超《こ》えるロボットをつくりたいし、恋人《こいびと》や家族もロボットでつくってしまいたいと思った。

そんな気持ちではじめた〝対話型〟の人工知能の勉強は、意識とはなにか、電子回路で脳を再現できるか、短期記憶《きおく》、長期記憶《きおく》、エピソード記憶《きおく》、クオリア、自然言語、認知《にんち》心理学、チューリングテスト、機械学習……など当時の私の胸をおどらせる言葉たちが並んだ。「私たちはなぜ意識をもっているのか?」「命をプログラミングするとはどういう意味か?」「どういう心理的状態になれば、人間はこれを無機物ではなく有機物的だと感じるのか?」「目の前にいる人間は、なにをもって〝本当に意識がある〟と言えるのか?」など、そんな問いに、工学で答えようとするのだから面白《おもしろ》くてたまらない。**でも結論から言うと人工知能のア**

プローチは1年でやめた。

これらの勉強はとても楽しかった。いくつも論文を読んで、自分なりにいくつも仮説をたて、人間の友だちを1人もつくらずに開発を続けた。

でも、やればやるほど、これはめざしていたものとは違《ちが》うという思いが強まった。私が不登校だった状態から、学校に復帰できる状態や、人前に出られるような状態になれたのは思い返せば、母親のすすめで出たロボット大会のライバルや、そこで出会った師匠《ししょう》、科学に憧れを抱かせてくれた大先輩や世界の高校生など、**そこには必ず人がいたからだ。**私はなにかに気づき、変わるときは、必ず人との交流があり、感情が動く瞬間がある。**「あのとき、あの場所に、あの人がいてくれたから、いまの自分がある」**その人たちのかわりに人工知能のロボットがいてくれたとしても、いまの自分がいるとは到底思えなかった。

私は高専をやめることに決めた。まわりからは「せっかく高専に入ったのに」「せっかくここまで勉強したんだから」と言われたが、私にはそうは思えなかった。**「せっかくだからやろう」という選択は、自分にそれだけの余裕《よゆう》があるときにで**

きる選択《せんたく》だ。違うと思った学校にあと1年残るという余裕《よゆう》は、「人生30年」という設定の私にはなかったのだ。

人を笑わせたり、なごませたり、一時的に癒《い》やしてくれるロボットはある。でも孤独《こどく》な人に対してはどうだろうか。孤独《こどく》な人のまわりには理解者がいない。この状態が続くと、気持ちがしずんでくる。気持ちがしずむと、自信がなくなってくる。自信がなくなると、他人との差が気になってくる。他人との差を気にすると、人との接触《せっしょく》を避けるようになる。**そんな悪循環《あくじゅんかん》から抜《ぬ》け出《だ》せない状態を、人工知能が助け出せるとは思えなかった。**

人をはげますことができるのは、やっぱり人しかいないんじゃないか。私たちをはげましてくれるのは、「ここは居心地《いごこち》がいい」と思えるグループや、「あの人たちのようになりたい」「この人のためだったら損してもいい」と思える〝人間〟なんじゃないか。

人とつながるために人工知能をやっていたが、そうではなく、**人とつながることを補助してくれるような技術**をつくりたいと思った。

Lesson

17

「自己紹介」を決めておく。

自己紹介《しょうかい》の仕方を考えておこう。
いい人と出会ったとき、
相手に苦労をかけず、記憶《きおく》してもらうことは大事だから。

突然だが、私は昔から「自己紹介」の時間が嫌いだ。

友だちや先生や先輩の名前を覚えたり、顔と一致させたり、呼び間違わないようにするというのが〝劇的に〟苦手だった。できる人は本当にすごいと思う。

きみは違和感を持ったことがないかい？　自己紹介の時間の多くが「紹介」じゃなくて、他人の名前を覚える「記憶」の時間になっていることに。

自己紹介の間は、他人の名前をメモすることに必死だった。だがメモをしたって忘れるものは忘れる。大学時代、自己紹介で「俺、〇〇です。よろしくおねがいしまーす」としか言わなかった人が、あとで「俺の名前覚えてるよね？」と言ってきた。当時の私はその行為を〝モブ・ハラスメント〟と呼んでいた。

一方、これまで何千人何万人と出会ってきた中で、第一印象などで強烈な印象に残り、ぜったい忘れられないような人もいる。彼らは他人に記憶力を要求しない。覚えようと努力しなくてもよいからとても楽だ。

「自分がどんな人間であるか」をうまく伝えられる人は、人を覚えないといけないという苦労から他人を解放することになる。

また「覚えてもらいやすい」ということは、相手の海馬を気づかうだけじゃなく、自分にも多くのメリットをもたらす。

いま私たちはリアル以外でも、SNS上やオンラインゲーム上などで、多種多様な人たちとすれ違うようになった。大量の人たちと出会えるということは、それだけ人の記憶に残りにくいとも言える。

だからこれまで以上に、第一印象で「自己を知ってもらうこと」は大切だ。

ひとつ私の例を紹介しよう。

きみは自分で服を買っているかな？　誰《だれ》かに買ってもらっている？　私は18歳まで、学校へ行くとき以外、家の中ではずっとジャージだった。服に全然こだわりがなかったんだ。しかし親元を離《はな》れて、生まれて初めて洋服屋さんに行ったとき、自分に似合う服がないことに気づいた。**「自分が欲《ほ》しいものがこの世に存在しない」。そう気づけたことは、とてもラッキーなことだったかもしれない。**

そんな私は服のなかで唯一《ゆいいつ》、白衣だけはかっこいいと思っていた。

医者や研究者がなぜかっこよく見えるかと言えば、ジャージではなく白衣を着ているからだと思う。

でも白衣は種類が少ない。白衣を広げてみればかなりの面積があるから、もっとデザインや工夫《くふう》があってもいいのに。白衣だからといって、白でなくてもいいじゃないか。そう思って、**私は自分のニーズに合った「黒い白衣」をつくることにした。**

しつこいようだが、世の中に完成したものはひとつもなく、机も照明も配信機器も、不便はしていないからいまのところはこれでいいと思っているかもしれないが、そこに自分の〝こだわり〟を加えれば、いくらでも工夫《くふう》の余地はある。

なんでもそうだ。よく観察して、よく考えれば、自分なりの「違和感」「つっこみどころ」は発見することができる。

それを自分なりに改善すれば「こだわり」になる。

まず私の黒い白衣は、両わきに穴があいている。実験中であっても、ズボンのポケットに入ったスマホ（当時は携帯電話）を取り出せるようにするためだ。また、バッグを持ちたくないので、Ａ４のノートパソコンもスケッチブックも入る内ポケットがある。必要なものはすべて持っているのに、なにも持っていないように見える。それから電車に乗るたびに、普段ＩＣカード乗車券を取り出し、改札機にタッチする。私たちはこの動作を何百何千回とやっただろう。私の黒い白衣のそでには、ＩＣカード用のポケットがあり、10年以上腕《うで》をかざすだけでそのまま通ることができている。もちろん自動販売機《じどうはんばいき》でも、そのまま飲み物を買える。買った飲み物も内ポケットにしまうことができる。

左の内ポケットには長い傘《かさ》も1本入る。たくさん物をしまってもシルエットが崩《くず》れないようにポケットの形を工夫《くふう》している。夏も涼《すず》しく過ごせるように、背中はメッシュ素材にした。

この白衣をつくって着はじめたとき、香川県の高専では友だちがまったくできず、町を歩いたときは何度も警察から声をかけられ、親からは自宅から10キロ圏《けん》内《ない》ではその服を着るなと真剣にお願いされた。

でも好きなものは仕方ない。そんな黒い白衣を私は気に入り、18歳《さい》から改良を重ねながら15年間ずっと着ている。

「黒い白衣」というフィルターがあっても、親しく接してくれた人とはとても仲良くなりやすい。

初めて会った人とも、この黒い白衣から会話がはじまる。白衣の内ポケットには私の原点でもある折紙が収納されていて、すぐに取り出し折ってみせることもできる。**私がどういう人間かを説明しなくても、この黒い白衣が物語ってくれる。**

「黒い白衣」の話はあくまで一例だが、「人になかなか理解されないこと」であるほどライバルが少ないため、人の記憶に残りやすい。

友人にプラナリアの研究をしている女性がいるが、「人間の男はだめね。切っても再生しないもの」と言っていたことが忘れられない。猫好きはたくさんいるが、プラナリア好きはなかなかいない。

「好き」や「こだわり」にはその人らしさが詰まっている。変人と呼ばれることを恐《おそ》れて個性を消すよりも、他人と違《ちが》う「自分のこだわり」を出していく方が、人生のチャンスをよほど増やしてくれるだろう。

Lesson

18

はじめから理解してもらえると思わない。

新しいことをはじめても、
すぐに周囲は理解してはくれない。
でもそれが「新しい」ということなんだ。

いまは、自分が「めちゃくちゃいいと思うこと」を表現して、それを「いいね！」と言ってくれる仲間を見つけられる時代だ。

自分が本当にめちゃくちゃいいと「思うこと」を「目に見える形」にすること、その発信に興味や理解をしめしてくれる人たちに接することはとても大切だ。

でも簡単なことではない。自分が思いついた、「すごくいい！」と思うものは、〝新しければ新しいほど〟、たいていは周囲になかなか理解されないからだ。

家族や仲の良い友だちですらも、冷ややかな反応をしめしたり、あきれたり、反対したりするかもしれない。

自分は「いい！」と思っているが、誰《だれ》もそう思ってくれない。身近なところに味方が一人《ひとり》もいないと、だんだん心配になってくる。このまま続けていてもいいんだろうか。「もっと普通《ふつう》のこと」「みんながやっていること」に合わせた方がいいんじゃないかという気持ちにもなる。

でも「いい！」と思うきみの気持ちが本物なら、きみがその「いい！」を他の人にうまく伝えられていないだけ、あるいは人類がついてこれていないだけという可能性がある。

私が分身ロボット・オリヒメを発表したときも、自分が本当にほしいと思うものをつくったのだけど周囲にはまったく理解されなかった。大学3年生のときに入りたい研究室がなくて勝手に自分の研究室を立ち上げたときも、ALSの患者さんの家に通い意思伝達プログラムを自主的に開発しはじめたときも、日本武道館の舞台でオリヒメを二足歩行させるために全財産を投じたときも、親友と「分身ロボットではたらくカフェをやろう！」と語っていたときも、はじめはびっくりするくらい理解が得られず、協力者は現れなかった。

誰も見たことのないものは、はじめはそういう扱いなんだ。だから本当に自分がやりたい、表現したいことをするのに、はじめから周囲に理解をもとめなくていい。**100人に2人か3人くらい反応してくれたらいい方だ。**

きみが実績を積んでいくうちに、「なにを言っているか」ではなく「誰が言っているか」で、信用してくれる人も現れるだろう。

残念ながら、大人《おとな》になったって、新しいことをするたびに、いちいち鼻で笑ったり足を引っ張ったりする人はいる。

私にとって最高の服装である「黒い白衣」はよくバカにされた。おまけに夏は暑く、冬は寒い。それでも天秤《てんびん》にかけた場合、着たい服を着られない方がストレスだから私は着つづけた。他人に笑われるより、自分が楽しくない方がつらい。

やがて「昔からその服センスいいと思っていた！」と言う人も現れた。そしてそのうちまた「時代遅れだ」と言われるときがくるだろう。自分の「好き」を周囲の意見に振り回されないことは大事だ。

また私は階段が好きなので、階段だらけの家をあえて選んで住んでいる。一戸建てなのに家の外にも、玄関入ってすぐの所にも階段がある。一日に何度も上ったり降りたりしなくてはならない。よくそんな大変な家に住むなとあきれる人もいるが、私にとっては平らな家に住んでいるよりも、空間的に立体感と自由度があった方がよっぽどワクワクするし、楽しい。階段好きが高じて、家の中の吹き抜けに階段を〝自作〟したよ。本棚や収納にもなるすごくよい出来で、気に入っているんだ。ね。なかなか理解されないものだろ？

Lesson

19

小さな失敗を積み重ねる。

筋肉は負荷をかけて成長していくもの。
でも負荷をかけすぎると、身体を傷つけてしまうこともある。
人生も同じ。いきなりの大きな挑戦は大ケガのもと。
まずは“自分に合った失敗”を積み重ねて、成長していこう。

話はつづくが、私は階段が好きだ。階段の多い場所に行くと、とても興奮する。だから広い家に引っ越したとき自分で設計をして、もうひとつ理想の階段をつくってみたいと思った。しかし当時はＤＩＹをしたことがなかったので、つくり方もわからなければ、なにから手をつければいいのかもわからない。

こういうとき、なんの情報も持たず突然大きな階段をつくりはじめるのは危険だ。トンカチで誤って指をたたいて腫れる程度のケガで済めば良いが、工作中に倒れてきたり、登っている間に分解でもすれば大事故につながる。しかし世の中にはろくに経験値をためずにいきなりレベルの違いすぎるボスに挑み、取返しがつかない負け方をして、長期間メンタル的に落ち込んでしまう人も多い。

経験値をためるためにも、ステップを意識することは何事においても大切だ。

いつも私はなにかをはじめる前に、「何段階で目的のものをつくるか」を考えるようにしている。ネットで調べれば、さまざまな〝やり方〟は紹介《しょうかい》されている。

階段をつくるため、とりあえず良さそうなテキストを1冊買って、ホームセンターで最低限の工具をそろえて、まずは簡単そうなベンチをつくってみた。わりと簡単につくることができた。ここまではテキスト通り。なんとなくわかったので次はロボット製作用のテーブルをつくった。テキストを参考にしながら、次はいくつかの工作機能も追加するために独自の設計図を描いてみた。独自にやっているから長さが合わなかったり、まっすぐ切れなかったり、水平にならなかったり、木工用ボンドが想像以上に強力ではずれなくなったり、部屋のドアを通れなかったり、はじめは初歩的なミスを体験した。

それならばと、テキストには書かれていなかったが、CADを使って先に3D設計図を描いてみて、材料をどれだけ買えばいいかなどシミュレーションし、ジグソーではなく丸ノコを買い足したり、切り出したパーツにナンバーをふって、後でどれがどのパーツかわかるようにしたりすることでうまくいき、ロボット製作用にプラスチックの型をつくるための電気コンロと、掃除機《そうじき》を組み合わせた自家製バキュームフォーム装置を内蔵しながら、きちんと水平が保たれ、安定感のあるテーブルができた。そのいきおいで高さ3メートルの本棚《ほんだな》もつくった。少し独特な家の壁の形状に合わせ、しかも倒れてこないような工夫もこらした。

つくる前にはまったくイメージが持てなかったが、いくつか家具をつくり、自分なりに応用するうちに〝いまならできそう〟という感覚が身についていた。

そしてこれまでのものを応用し、3ヵ月後には吹き抜けの天井《てんじょう》近くまでのぼれる本棚階段と、梁の上に読書ができるロフトスペースをつくることができた。借家だから家には釘一本《くぎいっぽん》打っていないし、床や壁にかかる負荷も分散させた。大人二人《おとなふたり》くらいの体重で登ってもびくともしない、かつ私の頭の中に描いていたとおりの階段だ。夢中になれたし目的も達成できたが、次はもっと大きなものもつくってみたい。いつか理想の車椅子でも住める階段だらけの家もつくってみたいものだ。そのためにはあと何ステップ踏めばいいだろうと考える。

新しいことをはじめるにはエネルギーがいる。

そして新しいことには失敗はつきもので、だいたいの挑戦において失敗を経験する。それは何歳になっても同じ。でも、ひととおり経験してしまえば、次からはかなり楽にやることができるし、失敗も予想できるなど、うまく付き合っていけるようになる。

Lesson

20

なんのためなら がんばれるかを 思い出す。

ごほうびやしめ切りがやる気になる人もいれば、
誰《だれ》かを守る、誰かのためになると思うことが
やる気になる人もいる。
自分を動かす原動力は、ひとそれぞれ。
きみを一番がんばらせてくれるものは、なんだろう?

「孤独の解消」というテーマで15年ほど活動している私だが、ひとりぼっちでいることも楽しい。

矛盾しているようだけど、自分が望んでひとりになり、困っていない時間は、私の言う「孤独」ではない。なにかをつくりたい、表現したいと思うとき、私は誰《だれ》にも邪魔《じゃま》されず完全に自分の世界に入りこむことができる。

そのために私は「ワクワクする」という力を使う。

いまいち言葉にするとかっこよくないが、これが完成したら驚《おどろ》いてくれるかな、喜んでくれるかもな、こんなことになったらすごく楽しいだろうなということの〝ワクワク感〟、私の場合はこの感情さえあれば、自分でもあとで驚くほど夢中になって行動することができる。

きみも友だちの誕生日を祝うためのサプライズや、いたずらのための落とし穴を仕掛けたりしたことはないかい？　きっとそのときは〝ワクワク感〟があったり、なぞの行動力を発揮《はっき》したはずだ。

一見大変そうな仕事でも、私が「きっとやりとげられるだろう」という感覚を

持てるのは、この「ワクワク感」をコントロールしているからだ。

やらなくてはいけないけれど、なかなかやる気が出ないときは、そのまま手を出してしまうことはしない。まずは「どうすれば自分をワクワクさせられるか？」を探すことからはじめる。

なにもワクワクすることが思いつかない日もある。そんなときは外をしばらく散歩してみたり、ゲームで遊んでみたり、たき火をしたり、人と話したり、折り紙を折ってみたり、ＣＡＤを描《か》いてみたりする。

スイッチを入れる方法は人によって違《ちが》う。

成績がアップすることや、自分へのごほうびが原動力になる人もいれば、家族の笑顔や他人の要望にこたえること、ものづくりをすること、特定の誰かに認められること、ただ予定通り完璧に終わらせること、ただひたすらそれをやること自体が原動力になる人もいるだろう。

自分はなんのためなら一番がんばれるのか。この「自分という全然思い通りにならない乗り物」の動力源を知り、定義しておくことは大きな力になる。

Lesson

21

なんでも触《ふ》れてみて「自分」を知ろう。

自分はなにが好きなのか。
自分の“特性”はいくら考えてもわからない。
自分にいろんな経験をさせて、自分を眺めてみることで、
ちょっとずつ見えてくるものだよ。

「両親は、子どものころ、不登校のころの私とどんなふうに接していたのか」と聞かれることがよくある。

私が生まれた家は、発明家でも事業家でもなく、おそらくよくある公務員一家だった。父は中学校の先生で、母方の祖父母も学校の元校長で、父方の祖父は国鉄の機関車の運転手だった。両親からは礼儀正《れいぎただ》しく、誠実に、そして人様に迷惑《めいわく》をかけないように、ちゃんと宿題をし、先生の言うことに従うよう厳しく言われながら育てられた。

しかし私は周囲と合わせるのが苦手で、勉強や宿題もできず先生ともよくケンカし、病気がちで2週間くらい休んだことをきっかけに小学5年生のころ、ついに不登校、ひきこもりになった。はじめこそ、両親や担任の先生はなんとか私を学校に戻そうと手を尽くしたが、苦しむ私を見て良くないと思ったらしい。ありがたかったのは両親が私と真剣に向き合ってくれたことだ。

地元の学校の先生だから、世間体《せけんてい》も気にしただろう。すごく悩《なや》んだと思うが、両親はまず自分の子どもが**「当たり前のことができない」**という現実を受け止めた。そのかわりに他の才能を見つけ、伸《の》ばそうと考え直した。

不登校の頃《ころ》、毎日学校にがんばって行こうとしてはストレスでおなかが痛くなり、苦しんでいる私に母親がかけてくれた忘れられない言葉がある。

「学校に行くのがつらければ、行かなくてもいいし、他の子と同じように勉強をがんばらなくてもいい。毎日、目を輝《かがや》かせて楽しそうにしていてくれさえすれば、親としてはそれで十分だ」

子どもの才能を伸《の》ばすとはよく言うけれど、きっと自分の子どもがなにに向いているか、なにが子どもを笑顔にするか、わからない親の方が多い。

だから両親は私が不登校になる前も、なった後も、私にとにかくいろんなことをやらせてくれた。体操教室に通わせた。少林寺拳法《しょうりんじけんぽう》を習わせた。スイミングスクールに通わせた。ピアノ教室に通わせた。バレーをやらせてみた。ミニバスチームに入れてみた。絵画をやらせてみた。山にキャンプに連れていった。本を読み聞かせた。ボランティアに連れていった。釣《つ》りに行った。無人島に送りこんだ。ロープワークや手旗信号を覚えさせた。漫画を与えた。図鑑を与えた。バードウォッチングに連れて行った。科学館に連れて行った。フリマで売り子をやらせた。料理をやらせた。

旅行先でピエロに出会えば、父親は「アートバルーンをやろう」と言い出し、一緒《いっしょ》に挑戦《ちょうせん》してみたところ、私はどうやら父親よりもアートバルーンの才能があったようで、みるみる上達し、のちに一時的ではあるが縁日に時給3000円でアートバルーンのアルバイトをやることになったこともある。

いろいろやったことで、他の人よりもむいていてすぐ身につけられたこともあるし、反対にびっくりするくらい身にならず嫌《きら》いになってしまったこともある。しかし結果的にうれしかったのは、向いていないと思ったことについては、ただちにやめることを許してくれたことだ。

やがて両親は「ロボットなんかはどうだろう」と思いつき、ロボットの大会に申し込んだ。やったことがないことに、たくさん触《ふ》れてみなければ、そんなチャンスそのものがなかった。

やってなんの意味があるの?と考える人はいる。**でも、この世界はやってみな**

ければ見えてこないことだらけだ。思ってもみなかった、自分の向き不向きに気づくこともあるし、別個の経験が後になって役に立つこともある。

私はあまり物欲がある方じゃない。だからいいクルマに乗りたいとか、人に自慢できるような家に住みたいとか、そういう欲がないのだが、「経験」という無形資産には全財産を投資するようにしている。

「変人」と言われながら人と違うたくさんの経験をすればするほど、人と違うさまざまな角度からものを見ることができる。たとえば真冬の早朝に、車椅子《くるまいす》に乗って外を移動してみてはじめて、その衝撃的《しょうげきてき》な寒さを知ることができる。それと同時に、歩くという行為《こうい》がじつはかなり体温を上げていることもわかる。

また私は大学時代にパントマイムを習得したが、それは「ロボットの身体をどう動かせば、見る人にどんな意味を感じさせることができるか」を知るヒントになっている。ロボットの動きを制御できる理工系の人は多くいる。身体をどう動かせば見ている人にどんな世界を見せられるのかを熟知している舞台の人も多くいる。しかし両方の能力を持つ人は少ない。

大学時代に4年間、キャンプ場で働いた経験を持つロボット開発者はそうそういないだろう。人前で話す練習や、危険な山での過ごし方をわかりやすく説明するというスキルは、のちに起業するときのプレゼンで役に立ったし、ファイヤーダンスも習得し、仲間と徹夜《てつや》でキャンプファイヤーの演出を考えた経験は、のちに日本武道館で8000人の前でオリヒメを演出するときに活きた。

ロボット開発もふくめ、私のアイディアは、すべて私の雑多な経験に助けられている。いずれも、はじめから「いつか役に立つこと」がわかっていて経験してきたことではない。**どんな経験が、あとでどんなふうに活《い》きてくるかなんて誰《だれ》にもわからない。**

だから興味があること、気になることがあればとりあえずなんでも試《ため》してみることだ。そうやって自分の「得意」「苦手」というものが少しずつ目に見えてくることで、この病弱であまのじゃくで言うことを聞かない「自分という相棒」と付き合えるようになってくる。

自分の大好物がなんであるかなんて、食べてみるまでわからないものだ。

3
時間目

The place that you can find your passion

「できない」を価値にする力

Lesson

22

できないことは、分解して考える。

人はついつい、「できない理由」を考えてしまう生き物らしい。
ならばちょうどいい。一つひとつ分解してみよう。
逆に、なにがそろえばできるようになるのか？

はじめに言いたいことがある。

「友だちをつくれる」というのは、すごいことだ。奇跡《きせき》だとすら思う。

私は19歳《さい》くらいまで友だち付き合いがとても苦手だった。成長して性格が変わる人もいるし、友だちだと思っていた人に裏切られたこともあったし、そもそも関係を維持《いじ》するためだけに、放課後に意味もなくファミレスに集まってみたり、年賀状を送り続けたりすることが苦痛だった。

だから私は「孤独《こどく》の解消」を志したあと、真っ先に人工知能を学ぼうと高専に編入した。気まぐれな人間の友だちをつくるよりも、ずっと友だちでいられるロボットの友だちをつくったほうが簡単だと思ったからだ。

高専時代もまったく人間の友だちはつくれなかったし、つくろうともしなかった（そのころつくった私のTwitterのアカウント名が「@origamicat」なのは、ずっと折り紙と猫《ねこ》しか友だちがいなかったからだ）。

そんな私が高校3年生のときに考えた「人間の友だちをつくるのが難しい理由」が次の図である。

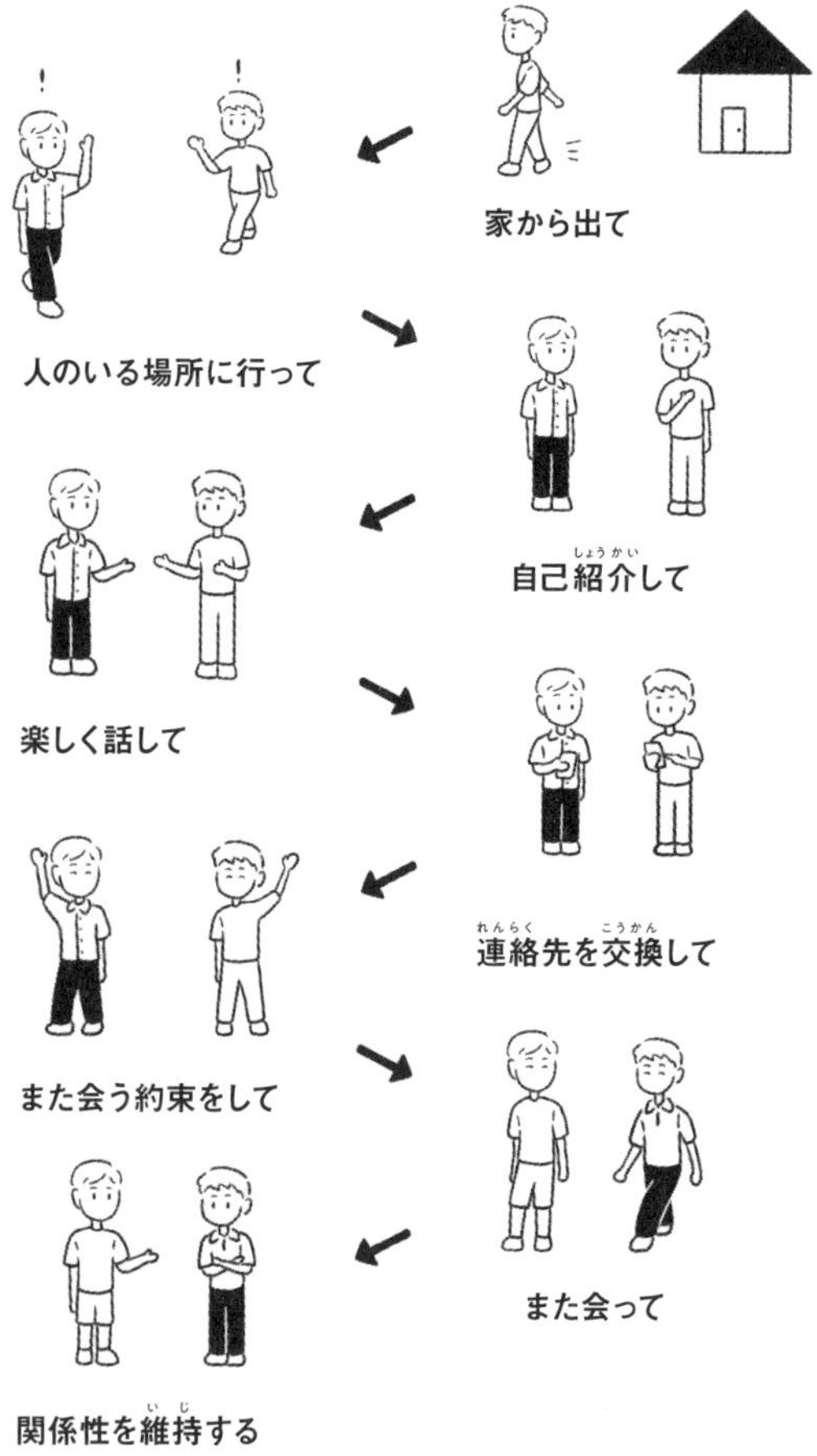
家から出て
人のいる場所に行って
自己紹介《しょうかい》して
楽しく話して
連絡《れんらく》先を交換《こうかん》して
また会う約束をして
また会って
関係性を維持《いじ》する

1、家から出る／人のいる場所に行く

まず人に会うためには、家から外に出ることになる。外に出るために、さまざまな心理的、肉体的バリアを乗《の》り越《こ》える。身だしなみを整える。なにを着ていこうか考える。太陽のもとに出る。そして海でも山でもなく、人のいる場所に出かけなくてはいけない。人目にさらされる。人酔いする。そんな自分をむりやり社交的なモードに切《き》り替《か》えてがんばる。

2、自己紹介《しょうかい》する／楽しく話す／連絡《れんらく》先を交換《こうかん》する

人がいる空間にいても、それでもまだ「人と会った」とは言えない。人に「ねえ」「あの」と声をかけ、自己紹介《しょうかい》をする。その上で、会話を成り立たせる。共通の話題で盛り上がるなどして、連絡《れんらく》先を交換《こうかん》しなくてはならない。

知らない子に声をかけ自然に仲間に入れてもらっていた、あの幼稚園児のときのようなコミュニケーション能力をどうして失ってしまったのかと悩む。

3、また会う約束をする

連絡《れんらく》先を交換したからといって、友だちになったとは言えない。その後に連絡《れんらく》を取り合って、一緒《いっしょ》に「なにか」をするために、また会う約束をしなければいけない。誘うときに、おかしなメールになっていないだろうか、なんだこいつと思われてしまわないだろうかと汗が出る。

4、関係性を維持《いじ》する

たとえ誰《だれ》かと遊びに行ってそのとき友だちになれたとしても、一年や二年、まったく連絡《れんらく》をとらなければ、その人は友だちと言えるのだろうか。相手は私のことをすっかり忘れてしまっているかもしれない。もしかするととっくに亡《な》くなっているかもしれない。

かつて関係性を維持《いじ》するということはとても難しく、年に一回届く年賀状はその役割の一部を果たしていた。自分が元気でやっているということを、また相手のことを大事に思っているということをわざわざハガキに書いて送り合い確かめ合う。友だちが増えれば増えるほど大変な作業になる。そして年賀状もメールのやり取りもいずれ減り、途絶《とだ》えていく。

「家から出て↓人のいる場所に行って↓自己紹介《しょうかい》して↓楽しく話して↓連絡《れんらく》先を交換《こうかん》して↓また会う約束をする」をくり返すことで友だちを増やす。

この図を描いた18歳のときに、これは大変すぎる私には生身の友だちをつくるのは無理だと思い、もはや人工知能しかないと考えた。

当たり前のように友だちをつくれる人にとっては、なに馬鹿《ばか》なことを言っているんだ、なんでそんな風に考えるんだがんばれやと思うかもしれない。でも「超わかる」と言ってくれる人も少なからずはいると思うんだ。日本語を意識して学んだことがない私は、海外の人に日本語は難しいと言われてもいまいちピンとこない。考えたことすらないからだ。**でもできないからこそ、わかることがある。**

人工知能では目的を果たせないと判断した後、私はこのときに考えた「できない理由」をもう一度見つめなおし、図の中のステップそれぞれに存在する〝障害〟を解決するための福祉機器《ふくしきき》をつくればいいのだ、と考えた。

たとえば、関係の維持《いじ》のためにかかるコストは、SNSなどの登場により年賀状や電話とは比較《ひかく》にならないほど低くなった。

車椅子《くるまいす》は家から物理的に出られない人のための福祉機器だが、車椅子《くるまいす》でも精神的に出られない人のための心の車椅子《くるまいす》として、私は〝オリヒメ〟という遠隔で操作し、コミュニケーションできる分身ロボットをつくった。「初対面で仲良くなれる能力」がなくても、いずれこういった福祉機器や環境によって解決できるときがくるかもしれない。

なにかをやらなければいけない時、人はついできない理由を考えてしまう。なら、その習性を逆手にとって、できない理由を一つひとつ整理して書き出してみようじゃないか。**なにが足りなくて、なにがあればできるようになるのかを考えられるようになる。**それは「できる人」にはできない、「できない」からこそできることなのだから。

Lesson

23

「できない」「わからない」人の側から考える。

きみができるようになったからといって、
みんなも同じようにできるようになるとは限らない。
「じゃあ、どうすればできるようになるか」を考えてみよう。

「私にもできたんだから、きみだってきっとできる、がんばれ」

人からそんなふうに言われた経験はないだろうか。

私はある。不登校で苦しんでいたとき、学校の先生から、「○○くんも不登校だったけど、いまは学校にきている、だから、吉藤《よしふじ》くんも大丈夫。がんばろう！」と言われた。先生はきっと私のことを思ってはげましてくれたんだろう。その気持ちはうれしい。でも私はその言葉が好きになれなかった。そのときに私が感じたのは、それは○○くんだからであって、私にも当てはまるとは思えない、ということだった。

「○○さんもできたから、きみもできる！」という応援は、がんばりたいときや、メンタルの状態がポジティブに受け止められるときならいいが、どうしようもなく悩んでいるときに言われると逆につらくなってしまうこともある。

ある日おばあさんが川で洗濯をしていると、となりで孫が「川が冷たくて洗濯できない」と泣いていたのでおばあさんは言いました。「大丈夫！　私もそうだったけど、そのうち慣れたからあなたもできるわよ」その光景を見た現代人のきみは言うだろう。「早く洗濯機《せんたくき》を買ってやれ」と。

がんばることによって、できるようになる人もいる。

でも「つらい」と言っている人に、がんばれと言う以外に方法はないだろうか。

自分が苦労して乗《の》り越《こ》えたことを、私たちはつい他の人にも「自分と同じようにがんばればできるようになる」と伝えがちだ。がんばってきた人ほど、がんばる人が好きだし、苦労した人ほど人生は甘《あま》くないと言いたくなる。その気持ちもわからないでもない。**でも次の世代はきっと、次の世代ならではの苦労があって、きっとその苦労を乗《の》り越《こ》えていくんだ。**自分に同じ苦労をさせる必要はない。

メガネをかければ、誰《だれ》でもほぼ等しく視力を補える。車椅子《くるまいす》を使えば、誰《だれ》かにおぶってもらわなくても外出できる。電卓を使えば暗算が苦手な人でもすぐ計算でき、自動翻訳機があれば世界中で質問でき、わからないことは図書館に行かなくても手元のスマホで調べることができる。

きみがいままで気合や根性や我慢で乗り越えてきたことを、「ショートカットできるようになる方法」を考えてみてほしい。そこにまだ見ぬ発明の種がある。

Lesson
24

「できない」は価値になる。

「できない」ことはつらい。
でも「できない」からこそ、人はそのことについて
他の人より考えることができる。

やりたくても、できない事。

他の人は当たり前にできているのに、自分にはできない事。

以前はできたのに、いまはできなくなってしまった事。

「できない」について考えるのはつらいことだろう。

いずれ高齢者《こうれいしゃ》になれば、もっと肉体的にできないことが増えるかもしれない。

そう思うとこれから先、未来への不安が広がる。

でも考えてみてほしい。人類は昔、遠く離《はな》れた人と話せなかったし、夜中に本を読むことすらできなかったはずだ。

人類は「できない」を「できる」に変えることができる生き物だ。

どうして変えられたのかといえば、**「それをやりたい」という気持ちを持ちつづけたことと、「できない」への見方を変えたからだ。**

いまできないことは、きっと未来ではできるに変わっている。

私たちが「いまできなくて困っている事」はなんだろうか。

「できない」ことに困っている人ほど、その「できない」に注意することができる。

あきらめずに、どうしたら「できない」を「できる」に変えられるか。「困った」を「困っていない」に変えられるか。それを真剣に考えることができたら、学校の勉強やテレビ番組や人との会話などからふとした情報が入ってきたとき、自分ならではの「できない」と組み合わさり、「あ、こうすればできるかも」という方法に人類ではじめて気づくことができるかもしれない。

「できない」には価値がある。

できないことは悪いことじゃない。重要なことはその価値を知ることなんだ。

私は学校に「行きたかったのに行けなかった」という経験からオリヒメをつくった。

そんなオリヒメはいまも進化を続けている。オリヒメを使っている人が、さらなる「できない」を発見し、教えてくれるからだ。

たとえば声を失った人が「できればロボットの声ではなく、元々の自分の声でしゃべりたかった」というもの。

ALSは進行すると呼吸ができなくなってしまう。呼吸器をつけることで生きることができるが、手術をすることにより二度と声を出すことができなくなる。私がつくったオリヒメ・アイは視線入力などで打ち込んだ文字を音声合成で読み上げることを可能にするが、自分の元々の声とは違《ちが》う声になってしまう。

そこで私はALSの友人と、私たちの思いに賛同してくれた協力会社とともに、まだその患者《かんじゃ》さんが声を出せるうちに、その人の肉声から合成音声を作成し、オリヒメ・アイで使い続けられるようにした。

いまでは声を失った人も、もともと話していた声と同じ声色《こわいろ》で話すことができる。そのALSの友人もいまでは肉声を失ったが、まったく違《い》和感《わかん》のない、声を失う前の声でいまも一緒にさまざまな開発を続けてい

る。**こうした当事者の声、困りごとが、これまでできなかったことを可能にする。**

ここからは、製品化していないが、私が日々、自由研究している例をあげてみよう。新しいことをやるとたくさん課題が見つかる。たとえばALSの患者《かんじゃ》さんはオリヒメ・アイを使うことで、会話ができるようになったが、ベッドの上に大きなモニターがつく。

そこで大きなモニターのかわりに、半透明のアクリル板をつけてみた。ここにプロジェクターで必要なときだけ文字盤を投影するのだ。こうすることでモニターの向こう側も見ることができる。患者《かんじゃ》さんの頭上に設置するのは半透明《はんとうめい》のアクリル板だけでいいから、移動も簡単だ。

では、このアクリル板を車椅子につけてみたらどうだろう。車椅子《くるまいす》の前に大きなモニターをつけると前が見えない。でもアクリル板なら、車椅子《くるまいす》に乗りながら視線入力で文字を入力したり、前を見たりすることができる。つまり車椅子《くるまいす》を視線入力で動かすことができる。

すぐに体育館を借りてALSの友人と実験したところ、視線入力で走ることができた。そのときの友人の意見から、車椅子《くるまいす》の後ろに、ウェブカメラをとりつけ、バックをするときはプロジェクターで見えるようにした。こうして前も後ろも、同時に見ることができる車椅子《くるまいす》になった。

「この方法なら視線入力で車椅子はまったく問題なく操作できる」という知見を得られたが、プロジェクターを搭載しないといけないなどの「できない理由」をたくさん見つけたところで、いったんこの自由研究はストップした。

またあるとき、私はまったく別の「できない」について悩《なや》んでいた。それは〝歩きながらスマホを使えない〟ということ。歩きスマホは危険だ。人やものにぶつかりそうになる。どうしてだろう？

それでも歩きスマホをしたかった私は、安全にできる方法を考えてみることにした。「歩きスマホは良くない」と思う人は「やめろバカ危ないだろ」と思うだろう。だったら安全な、歩きスマホを考えればいい。そもそもなぜ危険なのか。いくつか試した結果、「画面の内容に意識が集中する」ということもあるが、それよりも「下を向いて歩いている」ということが大きな原因だとわかった。スマホがなくても、下や上を向いて歩けば危ないのだ。

そこで今度はスマホを持つ手を前方に突《つ》き出《だ》し、顔を下に向けず、スマホを見ながら歩く実験をしてみた。

するとけっこう障害物をよけることができた。

しかしスマホを持つ腕《うで》が疲《つか》れる。

そこで市販《しはん》のミラーメガネのおもちゃを改造し、左目はそのまま前方を、右目はミラーで反射した手元を見られるようにした。

使いはじめは、右目と左目で違《ちが》うものが見えるので混乱した。しかしすぐに慣れた。前方と手元のスマホ画面を、重ねて見ることができる。

前を見たければ左目に集中し、スマホを見たければ右目に集中すればいい。

いままでは前方のリアルの景色を見るか、手元のスマホ画面を見るかどちらかひとつだった。しかしこの方法を使えば、右目に70%の集中力をわりふりながら、左目に30%注意を向けるといった意識の違《ちが》いだけで、アナログとデジタルの世界を行き来することができる。

そこまでつくると、またふと〝違和感〟について考える。私たちはなぜ目がふたつあるのに、ふたつの目とも同じ対象物を見ているのか。

肉食動物は目が前についているが、魚や草食動物は目が左右についているから、右目と左目で見えているものは違《ちが》うはずだ。

私たちは理科の授業で、肉食動物は獲物《えもの》との距離《きょり》をつかめるように目が前についていて、草食動物は敵から逃《に》げるために、広い視野を持っていると習った。

でも私たち人間は、この両目で日々一体どんな獲物《えもの》を追いかけているというのだろう。ふたつの目が前についていることで得られる能力は〝立体視〟だ。

VRゴーグルでは左右で少しずれた映像が映し出され、それを見て私たちは「すごい！　立体に見えるぞ」とよろこんでいる。

でも実際の私たちは毎日、二次元の光る板を見ていて、立体視の能力を使っていない。なのに私たちはなぜわざわざふたつの目をつかって、同じ情報を見続けているんだろう。

たとえば、左目でリアルの世界、右目でスマホの画面を見るという、浅く広くみわたせる草食動物的視野の方が現代の生活に合っているんじゃないか。

そんなことを考えながら今度は手元が見えるメガネではなく、右目にディスプレイをつけてみた。左目で見る現実の世界の上に、デジタルのモニター画面が重なって見えるようになった。

そこで私はふと思った。以前つくったアクリル板とプロジェクターを使った視線入力の車《くるま》椅《い》子《す》は、プロジェクターの価格が高く、消費電力が大きいという課題があった。しかしこの方法を使えば、同じ目的を果たせるんじゃないかと。

右目のディスプレイの下に、目を撮影する小型の赤外線カメラをつけ、眼球を動かすことでマウスカーソルを動かせるようにしてみた。

これをオリヒメ・アイのプログラムと組み合わ

せることによって、ALSの患者《かんじゃ》さんは目の動きである程度パソコンを操作できるようになった。

この発明のいいところは、患者さんの前にモニターを置かずに済み、場所をとらないこと。またつねに顔についているので、着替《きが》えさせてもらっているときや、姿勢を変えてもらっているときでも、文字を入力できるし、パソコンを触っていられる。どんな画面を見ているか、家族やヘルパーさんに知られることもなく、プライバシーも確保される。

つくっていくうちに、やがてサイボーグマスクっぽくなった。

これを持ってALSの友人の家をたずね、メガネ型とどっちがいいか聞いたところ、みんな面白《おもしろ》がってサイボーグマスクをつけてくれた。

そんなことをしていれば当然、サイボーグマスクで車椅子《くるまいす》を操作してみたく

なるよね。

さっそくつくって実験したところ、多少まだまだコツが必要だが、ちゃんと目の動きで車椅子《くるまいす》を操作することができた。後方を映し出すカメラの映像が右目で見える状態で、首を動かさずとも前と後ろが見える新人類だ。使っているうちに細い通路も通れるようになった。

これらの機能にはまだまだ課題が残っているので、さらに研究を続けている。

こんなふうに、「できない」を発見しては、これまで集めてきた知識や技術を総動員し、どうすればできるようになるかを考える。

そうやってみると、人類の誰も考えたことのなさそうな「できない」が、頭の中に蓄積していく。

なかなか理解されないかもしれないけど、とても価値のあることだと思わないかい？

Lesson

25

なにが大事なのか？から考える。

「こうあるべき」をやめてみよう。
「～すべき」にとらわれていると
きみの人生を豊かにしてくれるものを
見逃《みのが》してしまうかもしれない。

ロボットを開発していると、講演会などで多くの人からよく質問される。「ロボットは今後どんなふうに進化し、私たちの生活とかかわっていくのだろうか」「AIは私たちの仕事を奪《うば》ってしまうのでしょうか」と。たくさんのインタビューで聞かれてきたよ。

それはもしかすると人類共通の関心ごとかもしれないね。

もちろんなんとなく未来については私も考えている。でも私自身はロボットを今後こんなふうにしたいと考えたことは実はあまりないんだ。

なぜなら私が頭の中でこうしたいと考えてロボットをつくるより、実際にロボットを使っている人たちがいまどういう使い方をしているか、どんな不便を感じているか、どういうことをしたがっているか、という様子を観察し、それに応じたツールを開発したいと思っているからだ。

私はロボットをつくっているけれど、ロボットをつくりたい〝ロボットクリエイター〟でもなければ、なにかを表現したい〝ロボットアーティスト〟でもなく、論文を書きたい〝ロボット研究者〟でもない。

私がやりたいことは、孤独の解消をすることであり、人と会えない人や、うまくコミュニケーションできない人の課題を解決することだ。

だから「ロボットコミュニケーター」を2009年から自称《じしょう》している。ロボットを使って人と人をつなぐ。21歳当時の私が勝手に考えた私だけの職業名さ。

オリヒメは人間みたいに歩いたり走ったりしないのか、とはよく聞かれる。二足歩行をさせたければ、もちろんそういう技術はある。これまでにも2回、二足歩行型をつくった。でも分身ロボットに人と同じように二足歩行をさせる必要があるのだろうか？

そもそも人の身体《からだ》は、現代社会に合わせてできているわけではない。

ものをつかむとき、私たちは5本の指を使うだろう。

そのやり方に慣れているから、そのやり方に疑問を持つことはない。

その手でお箸《はし》をつかい、ごはんもつかむ、お味噌汁《みそしる》も飲む。しかし他の国のほとんどの人たちはお箸を使わない。なんで日本人は、こんな不便なものを使ってごはんを食べようとするのか、と思う人もいるだろう。私たちはごはんをこぼさないくらい、お箸《はし》に熟練しているだけだ。

普段《ふだん》右手でお箸《はし》を持っている人は左手に持《も》ち替《か》えてほしい。お箸《はし》がいかに練習が必要なツールかよくわかるはずだ。物心ついたころからお箸《はし》の使い方をインストールし、だいたいの人が使える日本人はすごいと思う。世界標準で考えるととてもめずらしい熟練技術だ。

世の中の物事は、意外と合理的にできていない。

「五体満足」という言葉があるが、**五体満足な人が不自由なく生活できているのは、五体満足な人が生活しやすいように、五体満足な人たちが世の中をデザインしてきただけのことだ。**

これから私たちは、いつか宇宙に住むことになるかもしれないし、地下や海底、空中に住むことになる未来があるかもしれない。

そのときに、はたしてこのいまの五体満足が、それぞれの環境《かんきょう》に適しているかというと、そういうわけではないだろう。

高速で移動したければ二足歩行よりモーターを搭載した車の方が向いている。オリヒメも、私たちの生身の身体《からだ》よりもすぐれている点がある。必要に応じて、形状やデザインを変え、いろんな環境《かんきょう》に適応させられるということだ。

小さいから持ち運びができるし、狭《せま》い部屋にたくさん入ることもできる。ドローン型にして空を飛ばすこともできる。複数の身体《からだ》に乗り移ることで瞬間《しゅんかん》移動することもできる。当然だが、寒さや暑さも関係ない。

人と接しても、謎《なぞ》のウイルスに感染することもないだろう。ただし電気とネット回線は酸素より必要だ。

その目的のために、その姿である必要はあるのか。ロボットは人の形をめざす必要があるのか。

こうあるべきだという固定観念を捨てて、目的のために発想をゼロから出発させることは重要だ。

現代の私たちも未来人からみたら、しょせん人型人間に過ぎないのだから。

Lesson

26

「すごいもの」より、「できたもの」をまず見せる。

完成までに膨大な時間とお金と苦労をかけると、
心地《ここち》いい感想以外、苦しくて聞けなくなってしまうもの。
だからなるべくはやく誰《だれ》かに見せて、
なるべくはやく、率直な反応を見よう。

新しいものをつくるとき、私が守っていることはシンプルだ。

早くつくって、早く試《ため》すこと。早く失敗し、「できない」を発見すること。

スピードはとても大切だ。つくる前に冷静に考えてしまうと、できっこないと思ってついついやめてしまうこともあるし、時間をかけるほど作り込んでしまう。

やってみてはじめて、ぶちあたる失敗に大きな価値がある。

まだ完璧な完成じゃなくてもできたら発信して、使ってみたいという人を見つける。そして、その人のところへ持っていって実際に試《ため》してもらい、それを観察する。

試《ため》してみて、観察をして、使えるものか、使えないものか、早く手ごたえを得る。

たとえばつくるまでに1億円かけました、3年かかりました！というものは、できた後に「だれも喜んでくれない」とわかっても、なかなか「捨てる」という選択《せんたく》ができない。

でも1万円くらい使って、3日がんばってつくったものが、「いまいち」だとわかったら、たしかにショックだし、1万円も使ったのに、と思うけれど、さっさと次のステップに行ける。

自分の考えているつくりたいものは、予想どおり人に喜ばれるのか、どこがいまいちなのかということは、早いうちに気づけた方がいい。

たとえばものづくりをするのに、3Dプリンタとか段ボールとか輪ゴムとかガムテープがおすすめなのは、**安く、早くサンプルをつくれるからに尽《つ》きる。**

いろんな人を巻《ま》き込《こ》んだり、お金や時間をたくさんつぎ込《こ》んでしまったりすると、後戻《あともど》りが難しくなる。そういうことは、人類の歴史でもよくある。

だから身動きがとれなくなる前に、まずはささっと試作品、サンプルをつくってみて、それをすぐ使ってくれそうな人に見てもらったり、聞いてもらったり、触《さわ》ってもらったりするんだ。こんな感じ、と紙粘土や発泡スチロールでつくって形にしてみる効果を忘れてはいけない。

人に見せるのは勇気がいることかもしれないが、つくったものはなるべく早く人に見せて、自分では気づかないことに早く気づく方がいい。

私は大学のときにつくったオリヒメ1号を、つくりかけの段階で、なかなか人に見せることができなかった。半年での完成をめざしていたが、人前で見せるまで結局1年半もかけてしまった。さらに、入院している子どもに使ってもらい、はじめて喜んでもらえるまでに2年半以上かかっている。

いま思えば、これはすごく危険なことをしていたように思う。

結果的にとても喜んでもらえたからよかったが、あのときもし喜んでもらえていなかったとしたら。もちろんそれはそれで技術は身についたし、無駄《むだ》ではなかったと思うけれど、2年半もの苦労が水の泡になったと、とても落《お》ち込《こ》んでいただろうし、後悔《こうかい》もしていたと思う。

未完成であったり、未熟であったりすることを恥《は》じる必要はない。

わからないことは「いまこんなところまでできているんだけど、じつはこの部分で悩《なや》んでいて」などと正直に伝えればいい。

これはものをつくる人や表現者、挑戦《ちょうせん》する人なら誰《だれ》もが通る道で、そんなきみの未熟さや失敗を先輩《せんぱい》たちは笑ったりしない。

たしかにはじめは、ほめてくれる人はなかなかいないだろう。ろくに取り合ってもくれないかもしれない。たとえ身近な人でもね。みんなそれぞれやるべきことがあって自分のことで忙《いそが》しいからだ。

それでもあきらめずに発信して、率直な感想を聞かせてくれる人を探して、みとめてくれる先輩《せんぱい》からアドバイスをもらおう。

あえて言うよ。新しい挑戦《ちょうせん》の99%は失敗する。

そして心ない人たちから、「失敗したのか、あんなことを言っていたのに」と笑われる。それでいい。完璧《かんぺき》な姿しか見せないのは自分の選択肢をせばめることになる。はじめから完璧なやつなんかいない。だれよりもトライ&エラーを重ねて、経験値を積み上げよう。

迷いながらも、手を動かし続けるやつは格好いい。

4
時間目

The place that you can find
your passion

誰《だれ》かに
発信する力

Lesson

27

この広い世界で、人に会いに行こう。

きみの能力は、きみの努力だけでは決まらない。
「え、なんの意味があるの？」と無視する人もいれば、
「それ、めちゃくちゃすごいよ！」と喜んでくれる人もいる。
自分に合う世界を、探し続けよう。

「なにをしたいか」が見つからない。

したいことはあるけれど、いまするべきことが見つからない。

いまするべきことはわかるけど、やり方がわからない。

やり方はわかるけれど、誰《だれ》の許しを得ればいいのかわからない。

一体自分はどこにあるのか。

人間は生きているだけで、実にいろんな「わからない」に直面することになる。

だから、たくさんの人や考え方に出会ってほしい。人と会って話すことは時間が取られるし、苦手なことかもしれないが、自分でも気づいていない才能や視点、好奇心の存在に気づかせてくれるのは「人との交流」だからだ。

いい大学を出て、いい会社に入る。たくさん稼いで、いい人と結婚《けっこん》して、家を買って子どもをいい子に育てる、そんな〝幸せ〟な人生のレール。そのためのアドバイスは世の中にたくさん存在する。でもその価値観は、きみの「これが本当にしたいことなんだろうか」「どう生きるのが幸福なんだろうか」という不安を解消してくれるだろうか。

学校では成績で、運動会では運動能力で、SNSではフォロワー数で、大人になれば年収や立場で、住んでいる地域や子どもが通う学校で評価される。そんな世界が生きやすい人にとってはいいと思うが、楽しめない人や、疲れてしまう人もいるだろう。

自分が間違っていると思い、人生から逃げ出したくなるときもある。でもふとした〝出会い〟によって、「世界はひとつじゃなかった。そんな考え方もあるんだ」ということに気づかされ、一瞬で視界が開けるような感覚を味わえることもある。

学校や職場、所属するコミュニティがひとつしかなければ、そこでの評価、価値観が世界のすべてだと錯覚しやすい。それはとても変化に弱いし、生きにくい。**いろんな世界をのぞき見して、いろんな価値観と出会ってほしい。**いくつかのコミュニティに飛びこんでみたり、それが怖《こわ》かったらせめて眺《なが》めたりしてみてほしい。

たとえば、私のような黒い白衣を着ている人はあまり多くない。

15年前、この格好を拒絶《きょぜつ》する人は多かった。受け入れてくれる人を探すというのは、とても難しいことだった。高専時代のクラスメイトに友だちはできなかったし、親は悲しんだ。

そのときは、それが現実だと思った。おかしいのは自分なのかもしれないと思った。

もしきみが1万人に1人しか理解できない「好きなこと」を持っていたとしたら、小さなコミュニティの中でそれを周囲に理解してもらうのは難しい。

でも、ネットの世界は広い。「それすごくいいね！」「僕もたったいま白衣を黒く染めたよ！」「僕は赤い白衣を作ったよ！」「緑の火炎放射器を撃つなら白より黒い白衣だよ！」と言ってくれる味わい深い変人たちと出会うことができた。ワクワクした。

場所や環境《かんきょう》とは関係なく、自分とつながった感性の近い人。周囲とはわかり合えない価値観を共有できる彼《かれ》らとはとても仲良しになる可能性がある。実際そうだった。いまでも関係は続いているし、中には多くの人が知るような活躍をしているような人もいる。

いまはもう、協調性や我慢《がまん》によって友だちをつくらなくてはいけない時代じゃない。

自分はこういう人間だと、自分の表現を外に向かって広く発信するか、あるいは勇気を出して新しいコミュニティに一歩飛び込んで発信してみる。すると自分のことを面白《おもしろ》いと思った人が声をかけてくれたり、あるいはこちらから話しかけたりする場合にも、自分がどんな人間なのか理解してもらったりしやすく、興味をもってもらえたら返信をもらえる機会が増える。

そして自分の特性に合った、「なにをしたいか」がまだわからない人も、いろんな人と交流をすれば自然にはっきりしてくる。

「あの時、あの場所にいてくれたおかげで、いまの自分はある」と多くの大人《おとな》たちは言う。15歳までひきこもりで、人と話すことが苦手だった私も、たくさんの気の合う、憧《あこが》れる人たちと会うことができたことでいまの私がある。運が良かったんだろうと言われればそのとおり。しかしよく考えてみれば、これだけ多くの人と会ってきたのに、合わない人の方が圧倒的に多かったので、むしろ運は悪い方だったのかもしれない。

これからどんな人と出会うかで、きみの人生は大きく変わるだろう。

良い人と出会うためには、**出会い方だけではなく、出会う数も大切だ。トライ&エラー、たくさん試すことだ。**

自分をいじめたり、反対したり、無視したり、傷つけてくるのも人だが、**ほめてくれたり、才能だと言ってくれたり、価値を見出してくれて、自分が成長する機会を与えてくれるのも、また人なのだ。**

いつか、自分とすごく気の合う人と偶然出会える確率を上げる、〝コミュニケーションの福祉機器〟を、私はつくりたいと思っているよ。

Lesson

28

みとめてくれる人の
そばにいよう。

きみの力をみとめてくれる人のそばにいよう。
その人のために「がんばろう！」
という気持ちになれるのは、とても豊かなことだから。

小学生のとき、嫌いだったことのひとつに掃除《そうじ》がある。やってもだれからもほめてもらえないし、きれい好きでもないから。

自分が掃除《そうじ》させられているとき、同じ掃除当番なのにさぼっている人がいると、なぜかとても腹が立った。

人は我慢《がまん》して仕事をさせられていると、「私も我慢《がまん》しているんだから、他の人も我慢するべきだ、私と同じように損をしろ」というネガティブな気持ちがわいてくる。一方で、自分が好きなことや、夢中になっていることで、人が喜んでくれたりすると、仲間や周囲の人たちに、つねに感謝の気持ちがわいてくる。ご馳走したくなったり、プレゼントを贈りたくなったり、彼らのためならいくらでもがんばれるという気にすらなってくる。しかも好きで夢中になっていることのほうが、我慢《がまん》してやっていることよりも、よっぽど人に喜んでもらいやすい。

たとえばきみもお店に行ったら、我慢して嫌いな仕事をやらされている感じの人よりも、楽しそうに顔を輝《かがや》かせながら働いている人に接客されたいだろう？そんな人に接客してもらうとこちらも気持ちよくリアクションを返したくなる。

そうすると相手もさらにやりがいを感じる好循環が起こる。我慢《がまん》や努力だけで、人は幸せになれない。**好きなことをして、それをほめてくれたり、よろこんでくれたりする人のそばにいることは自分にとってとても大切なことだ。**

よく〝「好き」を仕事にしよう〟と言うが、「好き」なことと、「喜ばれる」ことは必ずしも一致しない。自分の趣味や特技を活かせる業界を選ぶ人は多いが、自分の実力よりはるかに上の人たちと一緒に仕事するとほめられにくく、必要とされている感じがせず疲れるかもしれない。昔から人からほめられ、好きでやってきた趣味は、そこではただの仕事になってしまうかもしれない。

一方で、他の業種できみと同じ能力を持つ人がいない世界では、きみの力はとても頼りにされ、ほめられやすい。きみは認められていることが嬉しくなって夢中になり、さらに実力を伸ばすために勉強したくなるかもしれない。

「好き」と「夢中」をつづけるためには、「どこにいるとがんばって習得したことがよろこばれるか？」を考え、選ぶことは大切だ。

Lesson

29

リアクションが人を育てる。

きみが思っているよりも
きみの気持ちは相手に伝わらない。
リアクションし、リアクションを受け取ろう。

「リアクションが人を育てる」というのが私の持論だ。

自分ではすごいと思っていなかったけれど、他人が大喜びしたり、「すごい」と叫《さけ》んでくれたりすることで、そうか、当たり前にやっていたこれはすごいことだったんだ、と自分の才能に気づけることがある。

逆もまたしかり。どんなにがんばっても、リアクションが返ってこなかったり、無視されたりすると、とても最悪だ。次からがんばろうという気もなくなってくる。

ことわざに「ブタもおだてりゃ木にのぼる」という言葉があるが、おだてられて木にのぼる能力を手に入れられるというなら、おだててくれる場所にいる方がいいだろう。

天才とは勝手に生まれてくるものではなく、その人の才能に気づく人がいて、ほめる人がいて、喜んでくれる人がいてはじめて、その人は〝天才〟になる。

人のコミュニケーションとは、「雑談」というリアクションの返し合《あ》いだ。

幼いころの私は、なんの生産性もなく、なにも実りあるものを残さない、この「雑談」という行為《こうい》にどんな意味があるのだろうと、正月に酒を酌《く》み交わしなんの意味のない会話で盛り上がっている人々を見ながら、冷めた反応をしていたものだ。

しかし「孤独《こどく》の解消」を研究テーマとして、人と人との交流を考えていくうちに、雑談というものの意味を考えずにはいられなくなった。

はじめはうまく雑談に入れず、次第《しだい》に輪から外れてしまい、とても苦労した。

でもそのうち相手が話したことに対して、おおげさにリアクションしてみることで、相手が楽しそうに話し続けることがわかったし、私が言ったことや、行ったことに対し、誰かがおおげさに笑ってくれたり、喜んでくれたりすることが、なるほど気持ちのいいものだと感じることに気づいた。

あまりおおげさだと嘘《うそ》くさくなるが、ちょっとでもすごいと思ったことや、自分の知らない世界を見せてもらったときは、いつもよりちょっとだけ、おおげさにリアクションをしてみることはコミュニケーションを円滑にする。

相手にいいリアクションを返せれば、相手も気持ちよくなってこっちの話に良いリアクションを返してくれる。相手をほめればほめてもらいやすくなり、おだてればおだててもらえて気づけば木にも登るというわけだ。

乱暴に言えば、雑談の目的は「お互いに楽しくなる」ことなのだ。そして、楽しくなるためにはリアクションの効果が大きい。

この考え方はふだんの研究にもつながった。身体《からだ》をほとんど動かせない仲間が、オリヒメにはリアクションをするための「腕《うで》」がかならず必要だと言った。

それは実際に腕《うで》をつけてみたらわかった。笑ったりうなずいたりすることもできないALSの患者《かんじゃ》さんが、まわりの人の会話に反応したり、すぐに「なんでやねん」というツッコミを入れたりすることができることは、コミュニケーションをすごくスムーズにしてくれた。

最近はテレワークがあたりまえになった。テレワークは楽だし便利だ。外出しなくてもいいし、着替《きが》えなくてもいい、仕事に集中できる。電車や車に乗らなくてもいいし、暑い夏や梅雨《つゆ》、花粉症《かふんしょう》やウイルスにも悩《なや》まされない。

しかしそれによって「できなくなった」こともたくさんある。**どうすれば「出会うこと」「仲間意識をもつこと」「認められること」が生身のときと同じように**

できるか、という課題に、多くの人が気づいた。

お客さんに喜ばれているという実感、同僚《どうりょう》が隣《となり》にいて話にうなずいてくれることや、わずかにニコッとしてくれること、視線を送ってくれたりすること、そんな些細《ささい》なリアクションが、私たちに行動をうながし、育てる。

たくさん笑って、たくさん反応しよう。嘘をつく必要はないが、面白いなら「すごく面白い！」と、美味しいなら「めっちゃ美味しい！」と、感謝しているならもう一歩の感謝をフィードバックしよう。

ほめられた側は傲慢《ごうまん》にはならず、慢心《まんしん》せず、リアクションや応援を受け止めてしっかり自分の成長する力に変えることだ。

Lesson

30

大先輩《だいせんぱい》と友だちになろう。

これからは、少ない人数で
お年寄りたちを支える損な時代？
そうかもしれない。でも逆に考えてみよう。
きみが「こんなことをしたい」とはっきり言えるなら、
先輩《せんぱい》たちがたくさん応援《おうえん》してくれる時代でもある。

昔の社会は若者がたくさんいて、数少ないお年寄りを経済的に支えていた。いまはお年寄りが増えて、若者が少なくなった。だから「これからの時代は1人の若者が多くの高齢者《こうれいしゃ》を支えないといけない大変な時代」とはよく聞く話だ。

それは変えられない事実ではあるが、語られていない利点もある。

考えようによっては、**逆ピラミッド状態のいま、若者にとってはむしろチャンスなんだ。**なぜなら昔と違《ちが》っていまはインターネットがあり、時代の変化が早く、経済的、人脈的にすぐれた大先輩《だいせんぱい》たちとつながりやすく、友だちになりやすい時代だから。

昔、知識や情報は、本や新聞を読んだり、親や先生、長老に教えてもらうのが当たり前だった。先輩とは私たちと同じ勉強をしてきて、私たちよりも物知りな、いわば〝上位互換〟だった。

でもいまは違《ちが》う。

きみたちは親や先生や先輩《せんぱい》が知らないことをたくさん知っている。

スマホなどが手のひらにあり、簡単に情報を得られる時代になったから。

好きなときにインターネットで面白い動画を見たり、音楽を聴《き》いたり、映画やマンガやユーチューブを見たりすることで、無限に雑学や知識や経験を吸収できる。きみたちの方が大人よりもはるかに詳しいことだってある。

若いほど適応能力が高い。そのためきみたちは多くの大人たちよりも、最先端《さいせんたん》機器の操作方法を習得しやすい。オンラインサービスも使いこなせる。スマホの入力速度、動画の撮影《さつえい》編集、SNSのフォロワー集め、ゲームの攻略《こうりゃく》などもはるかに上をいく。若さゆえの人生経験の短さと機会のハンディキャップを、ネットなどテクノロジーとの接続によって補える〝サイボーグ〟の時代なのだ。

ただ「じゃあこれからは〝逆〟年功序列か」とおごってはいけない。先輩《せんぱい》たちはネットでは手に入りにくい人生経験や人脈、資金力などの点において、より多くの〝年の功〟がある。どちらが上とかではなく、どちらにも得意分野があるということだ。

昭和から平成にかけて、世界的に〝男女平等化〟が起こった。この変化も長い人類の歴史で見ればつい最近のことで、LGBTなどセクシャリティへの考え方の理解も広がった。そして、これからの時代で起こるのは〝老若平等化《ろうにゃく》〟だ。「男女が二人《ふたり》でいれば恋人《こいびと》」という時代は過去のものになり、**性別に関係なく友人や恋人をつくれるように、これからは何十歳《さい》も年の離《はな》れた人同士が一緒《いっしょ》にいても、親子ではなく、ただの友人として遊ぶ時代が一般的《いっぱんてき》になるだろう。**

私はいま33歳《さい》だから、きみたち次世代と、昭和に育った大人との中間の立場として、大事なことを伝えたい。

もはや多くの大人は、若者を「導き」「教え」「育てる」存在ではない。むしろ若者たちとシンプルな友人関係を築き、いまの時代の流行やこれからの時代に必要な知識などについて教えてもらったり、力を合わせたいと思っている。

たとえば私の14歳《さい》の友人は、子どもたちが活躍《かつやく》するイベントを企画《きかく》し、クラウドファンディングを使って大人《おとな》たちから数百万円以上のお金を集めた。そして私の10歳の友人は、大人たちから数十万円のお金を集めて、海外への渡航費《とこうひ》と活動費にあてた。彼《かれ》らとは年が離《はな》れているが、彼《かれ》らから話を聞けることは私にとってもとてもうれしく、楽しいことだ。

年の離《はな》れた人と付き合うのは怖《こわ》いと思うかもしれない。でもそれは海外の人と話したり、異性と話したりするのが怖《こわ》いと思うのと同じ、要するに「慣れ」と「リテラシー」の問題だ。ただもちろん世の中に悪い大人がいるのはたしかだから、まだ未成年のうちは親や信頼できる大人と一緒にやり取りをしながら、悪い人と自分と合わない人を見きわめる練習をしていこう。

なんにせよ、若者の数が圧倒的《あっとうてき》に多いインドや中国などとは違《ちが》い、日本ではひとりの若者が多くの大人から支えてもらいながら成長するという戦略がとれる。

若者の方が少ない時代では、若者に好かれたり、友だちになってもらえたりするようにがんばらないといけないのは大先輩たちの方かもしれない。きみがお気に入りのユーチューバーやアイドルを応援《おうえん》したいように、大先輩《だいせんぱい》にしてみれば、お気に入りの若者を支援《しえん》したり、その若者の活躍を見たりすることが喜びになる。

お金や人脈があっても、自分にはもう夢がなく、若者や次世代を応援《おうえん》するのが自分の夢という大先輩もたくさんいる。彼らにとっては次の世代がどうなるのか、日本は大丈夫なのかという不安に対して、やりたいことに夢中になっている若者の姿が、心の支えになる。

私も多くの先輩《せんぱい》たちに助けられ、支えてもらった。高校の久保田先生は私のために23時まで学校に残って施設を使わせてくれた。起業してお金がないころ、ほぼ無料で家を貸してくれた先生もいた。もう身体が十分に動かせない「50歳《さい》年上」の友人も、「20代の若者と一緒《いっしょ》に新しい挑戦《ちょうせん》ができるのは楽しい」と喜んでくれて、いつもご飯をご馳走《ちそう》してくれた。

今でも、私の知らないことを教えてくれる〝年下の先生〞もいるし、10代から50代くらいで交じって遊ぶこともよくあり、毎回いろんな発見がある。

学校では、同級生と話が合わず先生しか友だちがいない人もいるだろう。私もわりとそんな感じだった。でもこれからは同世代と気が合わないなら、異世代のコミュニティに遊びにいくのも普通になる。

老若《ろうにゃく》男女平等社会。相手が何者かではなく、気の合う友人となり、お互いが尊重し合い、認め合う時代だ。

Lesson

31

あきらめず、発信し続ける。

自分と気の合う人を探すのはとても大変なことだ。
でも1億人以上もいる日本の中で、
自分と気の合う人が1人もいないという方がありえない。
良い人との出会いがきみの人生をつくる。
なにより大事なことは、決してあきらめないことだ。

私は分身ロボットのオリヒメをつくった。

不登校の頃《ころ》にこれがあれば、オリヒメで学校に通《かよ》い、友だち関係を維持《いじ》することができたかもしれない。オリヒメはそんな想《おも》いから生まれた。

しかし、オリヒメを作って3年半が経《た》った2013年の冬、「それだけでは足りない」という人が現れた。

のちに私の相棒・親友となる、番田雄太《ゆうた》という男だ。

年齢は私のひとつ下。私が26歳《さい》で、番田は25歳《さい》だった。番田は4歳《さい》のときに交通事故にあった。一命はとりとめたものの、頸髄《けいずい》損傷という重度障害を負い、番田の身体《からだ》は首から下はまったく動かせなくなり、感覚もなくなってしまい、呼吸すら、呼吸器につながれていないとすることができない身体になってしまった。

それから20年、番田は岩手県盛岡《もりおか》の病院でなにもできないまま過ごした。

小中高、もちろん大学にも通っていない。ずっと病室で、両親と訪問教育の先生がきてくれるだけの毎日。友だちはほぼいなかった。同じ病室にいた子どもたちも会話ができる状態ではなく、番田を残してどんどん亡《な》くなっていくのを、番田は声をかけることもできず、ただ見送ることしかできなかった。

私はぞっとした。私は3年半、不登校を経験したが、身体《からだ》は動くし、趣味《しゅみ》の工作や折紙もできた。それでも、かなり精神的にまいってしまった。天井《てんじょう》を眺《なが》め続けたことは、人生の地獄《じごく》だと思っていた。

番田は20年。私が高校で車椅子《くるまいす》をつくっていた間も、高専で人工知能の友人をつくっていた間も、大学で片っ端《かたぱし》からサークルに飛《と》び込《こ》んでコミュ障《しょう》を克服《こくふく》しようとしていた間も、自分で研究室をたちあげてロボットを開発している間も、番田は、たった独りで天井《てんじょう》を見つめていたのだ。

でも、番田はなにもしていなかったわけじゃなかった。

首から下はまったく動かせなかったが、訪問教育の先生が、あごにペンマウスを乗せてパソコンを操作できるようにしてくれたおかげで、10歳《さい》のときにはパソコンを操作する方法を覚えた。

やがてインターネットが普及《ふきゅう》し、ネットに接続した彼《かれ》は、自分なりに病院の外の世界のことを勉強するようになった。

自分のウェブサイトも自分で調べてつくった。動画も撮影《さつえい》した。大好きなミスチルの歌を聴《き》いた。ブログサイトやSNSが登場してからは、片《かた》っ端《ぱし》からアカウント登録し、自分の想いを発信した。

ブログにはこう書かれていた。

〝誰《だれ》か一緒《いっしょ》に想《おも》いのカタチをつくりませんか〟

でも、誰《だれ》も相手にしてくれなかった。

番田はいろんなNPO法人や有名人に、ウェブサイトを経由してコンタクトをとろうとした。でも、なかなか相手にしてもらえなかった。ごくたまに返信がきて会ってくれる人がいても、たいてい2度目はなかった。友だちと喧嘩《けんか》をしたり、仲直りしたりするなど、リアルな人間関係によって失敗や成功を積んだ経験を持たない番田の話は内容がけっこう支離滅裂《しりめつれつ》で、想いは強いがわがままが過ぎた。はじめは親切心で助けてくれた人も、次第《しだい》に付き合うことがしんどくなり、離《はな》れていった。

それでも番田はあきらめなかった。

彼《かれ》は自分が置かれている状況《じょうきょう》をなんとか変えようと、何年間もかけて、あごを使い6000人以上にメールを送り続けていたそうだ。

そしてあるときオリヒメを開発している最中の私を見つけ、Facebookからメッセージを送ってきた。

ちょうど私は「みんなの夢AWARD」というビジネスコンテストの最終審査《しんさ》前で、私のエントリー内容が大会のウェブサイトに掲載《けいさい》されているのを発見し、連絡《れんらく》してきたのだ。

メールのやり取りをしながら、はじめは変わった人だなと思ったが、彼《かれ》のFacebookの個人ページを見て、彼《かれ》の人生を知ってぞっとした。それと同時に強烈《きょうれつ》に会いたくなった。

「できないこと」には価値がある。私の持論だ。

できないことがあるということは、そのことについて誰《だれ》よりも考えることができる。

身体《からだ》を動かせる人は、身体《からだ》が動くありがたさについて深く考えたりはしない。

だからこそ番田に話を聞いてみたいと思い、メールのやり取りをはじめた。

「オリヒメでどこか行きたいところはある？」と聞くと、答えはいまいちだった。会社にも学校にも、どこにも所属していない彼《かれ》は、たとえ分身ロボットがあったとしても、そもそも「会いたい友だち」「行きたい場所」があまりないのだという。

私はメールでのやり取りに加え、オリヒメの実験機に接続してもらって語り合った。

「これまで20年、〝明日1日でも長く生きるために、今日《きょう》なにもするな〟と言われた人生でした。同じ病室の子どもたちは、外の世界をまったく見ることもなく旅立っていき、私はそんな彼《かれ》らに対してなにもしてあげられませんでした。私たちは一体なんのために生かされたのだろう。なんのために生まれてきたのだろう。私は明日死んでもいいから、今日《きょう》自分の人生を生きたい。」

「なぜ寝《ね》たきりだからといって、なんでも『我慢《がまん》しなさい』と言われなくてはならないのでしょうか。周囲に対して感謝し続けないといけないのでしょうか。外に行くことはなにも特別なことじゃないはずです。他の人と同じように学校に行ったり、太陽の下でくつろいだり、働きたいと思うことが、どうして贅沢《ぜいたく》なことなのでしょうか」

番田は、自分が置かれている状況《じょうきょう》について「しかたない」とはまったく考えていなかった。自分と同世代の人がやっている普通《ふつう》のことを、まったくあきらめてはいなかった。

私たちはお互《たが》いの思う「孤独《こどく》」について語り合い、やがて意気投合し、私は番田をポケットマネーで私の秘書として雇《やと》うことにした。

ただ、秘書といってもビジネスメールのやり取りはできないし、専門知識も持っていない。それらはじょじょに覚えてもらうとして、番田と話しているうちに一緒《いっしょ》にやりたいと思った講演活動をはじめることにした。

番田は「20年も寝《ね》たきりだった人の話を、誰《だれ》が聞きたいの？」と、自信なさげだったが、どの大学にも、どの福祉《ふくし》系のシンポジウムにも、入院中の寝《ね》たきりの講師は登場しない。

聴衆《ちょうしゅう》たちは番田の話す「人生で感じたこと」を食い入るように聞き、短いスピーチが終わると拍手喝采《はくしゅかっさい》となった。

番田にとっては価値がないと思っていた、人とは違《ちが》う人生。それは、多くの人たちの関心をひきつけたようだ。講演後、私と番田は多くの人たちに囲まれた。

そのことを喜んだ番田は後日、自分でデザインした名刺《めいし》を郵送してきた。

余談だが、番田の分の名刺《めいし》を配るのは私で、もらった名刺をあとでスキャンして番田に送るのも私だった。これではどっちが秘書かわからない。だが番田に「お前は名刺交換《めいしこうかん》なんかしなくていい」とは言いたくない。

どちらかが我慢《がまん》しなくてはいけない。こういうときに役立つのがテクノロジーだ。このことはオリヒメに名刺《めいし》スキャン装置をとりつけ、番田が自分で名刺交換《めいしこうかん》できるような装置を開発するきっかけになった。

人前で話すことが喜ばれる。「こんな自分でも人になにかを伝えることができる。

そう思った番田は、自分から「スピーチの練習に付き合ってほしい」と言うようになった。番田の言いたいことを原稿《げんこう》にして、それをより伝わりやすくなるように二人《ふたり》で改良を重ねた。

私はよく番田と喧嘩《けんか》もした。「オリヒメはこのままじゃダメなんだよ！」とか「用事があるときだけ呼ばずに、用事がないときもいていいようにしようよ！」とか「オリィはいいよね」とか。でもほとんどの場合、翌日にはいつのまにか普通《ふつう》に話していて、昨日《きのう》なにが気に入らなかったのかを冷静に語りあい、対策を考えるのだ。

やがて私と番田の二人《ふたり》組の講演は注目を集め、全国から講演の依頼《いらい》がくるようになった。

番田が名刺《めいし》をくれた相手に、あごを使って長文のお礼などを一人ひとり丁寧《ていねい》に送っていたのもよかった。番田の文章ははじめビジネスメールとはとても思えなかったが、講演後だから相手も番田がどんな人かわかっている。番田が〝成長途《と》中《ちゅう》〟だという点も、彼の強みになった。

講演の仕事を続ける中で、番田の文章は少しずつうまくなり、講演の事前打ち合わせに同席するようになり、私のスケジュール調整をするようになり、そのうち価格交渉《こうしょう》もできるようになった。

また、番田には講演以外にも重要な仕事があった。

オリヒメのユーザーとして、オリヒメの改善点を提案してもらうことだ。

寝《ね》たきりの人を雇《やと》ったことによって、私は「社会的に良いことをしていますね」と、周囲からほめられたが、そうじゃない。

私が番田を必要としたのは、「20年間も身体《からだ》を動かしたことがない」という、多くの人がもっていない番田の特性を強みに感じていたからだ。これは彼の能力だ。番田は身体《からだ》を動かすことが「できない」。

だから、私よりもよっぽど〝身体《からだ》〟というものが、目の前の人間にどういう効果を与《あた》えるのかよく知っていると考えた。結果はすぐに出た。オリヒメに絶対「手」を付けた方がいいと言ったのは番田だ。

オリヒメの手は物をつかむことができない。しかし、手は物をつかむだけのものじゃなく、〝コミュニケーションをしている〟ということを、4歳《さい》から20年間首から下を動かしたことがない彼《かれ》は、直感的に理解していた。

手をつけた効果は劇的で、手の動かないオリヒメよりも、はるかにまわりの人たちの印象がよくなり、人間味が増した。番田はよく手を振《ふ》り、みんなからよく手を振りかえしてもらった。「やっぱり手がないとね。人間じゃなくなっちゃうから」と番田は笑った。

ロボットや車椅子《くるまいす》も使われることで意味を持つ。番田のように毎日使ってくれて、その上で「できないこと」「うまくいかないこと」を発見できるのは、私にとってとてもありがたいことだ。どうやって、それをできるようにするかを考えて、工夫《くふう》ができて、すぐに実験することができた。そして番田は、さらにできることを増やした。

番田と出会い、意気投合しなければ、オリヒメはいまの形にはなっていなかっただろう。

番田はオリィ研究所で働いていることについてテレビの取材を受け、「必要とされることが伝わってくるので本当にうれしい」と言ったが、本当に番田は、オリィ研究所にとっていないと困る存在になっていた。

やがて番田は私抜《ぬ》きでも、ひとりで講演活動を行えるようになり、自分で営業もできるようになった。ビジネスメールも自然に打つことができるようになった。いくつかの会議に出席して議事録をとったり、スケジューリングをしたり、プレゼン資料をつくったりすることもあった。

将来は独立して自分の会社をつくり、自分と同じような寝《ね》たきりの子たちの夢を応援《おうえん》するヘルパー事業所を立ち上げたいと話すようになった。

番田はビジネスプランコンテストにも応募《おうぼ》し第一次審査《しんさ》を通過、第二次審査《しんさ》のグループワークだったが、番田はそこにオリヒメで参加し、一緒《いっしょ》に勉強できる友人がいることを喜んだ。残念ながらその大会はそれ以上進めなかったが、それでもあきらめずまた挑戦したいと言った。

そして将来はこれまでずっと自分を介護《かいご》してくれている両親に楽をしてもらうために、東京でひとり暮らしをしたいと言った。「家は飲食店にして、オリィと一緒《いっしょ》に店をやって、自分でつくった料理を自分のところに運んで、自分に食べさせるのはどうだろう？」などよく雑談を交わした。

ところが２０１７年３月ごろから番田の体調は急激に悪化し、4月のメッセージを最後にやり取りができなくなった。番田はＩＣＵに入院し、お見舞《みま》いにいったときも、すでに意識が朦朧《もうろう》とした状態になっていて、ほとんど会話は成り立たなかった。

そんな中でも「会社の人はどれくらい？」「オリィはいま大丈夫？」など会社や私のことを心配する番田がいた。その後お見舞《みま》いに行ったときは、もう声を出すことができなくなっていて、私が一方的に番田に話しかけるばかりだった。

２０１７年9月、番田は亡《な》くなった。28歳《さい》だった。

私は自分は30歳《さい》まで生きられないかもしれない、人生30年計画だと言いながら、番田が30歳《さい》を迎えられない可能性をまったく意識していなかったことに気づいた。

24歳《さい》から世界を広げはじめ、さまざまなことを吸収し、勉強し、成長し、これからというときだった。私は葬儀《そうぎ》で弔辞《ちょうじ》を読みながら、悔《くや》しさで身体《からだ》の震《ふる》えが止まらなかった。

番田の生き方は、たとえ寝《ね》たきりでもここまでやることができる、ここまで人は変わることができる、ということを多くの人の心に刻んだ。

番田は24歳《さい》まで学校に行くこともできず、友だちもほぼいない寝《ね》たきりの状態から、人前で講演し、会社で働き、月数万円の給料を稼《かせ》げるようになった。テレビに出て、ラジオでしゃべり、母親に服をたくさん買ってあげて、高いお寿司《すし》屋さんを予約し、友人である私におごってくれたこともある。

番田と冗談《じょうだん》で語り合っていた、寝《ね》たきりでも働ける「分身ロボットカフェ」という構想は、番田がいなくなった今もなお研究を続けて、彼《かれ》が亡くなって1年後の2018年に彼の後輩となる、10人の外出困難なパイロット達と一緒《いっしょ》に実現させた。ALSや、ほとんどそれまで社会で働いた経験がなかった人たちが、動き回るオリヒメ・Dを使って働くことができるカフェだ。

いまでは約50人の仲間たちがオリヒメを使って働き、人と出会い、成長しながら、新しい働き方の「事例」を増やし続けている。

すべては、番田との出会いからはじまった。

その出会いが生まれたのは、私と番田がお互《たが》い発信を続けていたこと、そして番田が私の発信を見つけて連絡《れんらく》を取ってきてくれたおかげだ。

メールのマナーもわからず、ほとんどの人に無視されながら、番田が6000人にメールをあきらめずに打ち続けたことは、結果的に彼《かれ》の人生を変え、多くの人に希望をつなぐことになった。

私はいまも実験が失敗続きで、心が折れそうになったらいつも思うのだ。

「私は6000回トライしただろうか」と。

さいごの時間

The place that you can find your passion

託《たく》す力

私が初めてALSの患者さんと出会ったのは2013年のこと。

友人から「オリヒメを使わせたい人がいる」という連絡《れんらく》を受け、Yさんという50代の女性に会った。私はもともと学校の先生だったというYさんの家を訪問し、そこで初めてALSという難病を知ることになる。

Yさんの首から下はほとんど動かず、足も腕《うで》も細くなっており、はじめ、私はどう接すればいいかわからず戸惑《とまど》った。

でもそのときのYさんはまだしゃべることができたし、首から上はほとんど健常者と変わらず、タバコは吸うしたくさん冗談《じょうだん》を言って、私をからかった。

彼女《かのじょ》の豪快《ごうかい》でユニークなキャラクターのおかげで、私の緊張《きんちょう》はすぐにほぐれた。Yさんの家には毎日多くの人が訪問していたし、彼女《かのじょ》を介護《かいご》する子どもたちも母親をとても慕《した》っているようで、楽しそうだった。

ただ玄関の車椅子《くるまいす》が使われる様子はほとんどなかった。

友人が遊びにきても自分のやせ細った身体《からだ》を見せたくない。いつまでも元気な頃《ころ》の自分として記憶《きおく》にとどめておいてほしい。

そんな思いから、Yさんは親しい友人ほど会いたがらず、インターホンごしに会話するだけのときもあった。

ほとんど外出することはなかったYさんに、私がオリヒメというロボットを研究していることを説明すると「マンションの下に桜が咲《さ》いているので、花見に行こう」ということになった。

娘《むすめ》さんがオリヒメを持ち、Yさんにお花見へ出かけてもらった。

YさんはiPad越しに、オリヒメの見ている風景を眺《なが》めた。コンビニに入り、店員と会話し、飲み物を買った。そして桜を見た。

Yさんは楽しそうにしてくれた。

でも課題もあった。Yさんはオリヒメをまったく動かすことができなかったのだ。

当時のオリヒメの操作は、パソコンのキーボードかマウス、あるいはiPadを指でスワイプするといった手を使った動きをもとにしていたからだ。口に棒をくわえて操作をするという方法も考えたが、ALSは病気が進行すればそうすることもできなくなってしまうという。

できることならば、いつまでも「はい」「いいえ」といった意思表示をしたい。またできることならば、家の台所の様子をオリヒメで見てみたい。

となりの部屋ではあっても、Yさんにとっては遠い世界である。どうすればYさんは自分でオリヒメを操作することができるだろうか。

私はオリィ研究所の創業仲間や研究者の友人たちと研究チームを結成し、月に一度Yさんの家を訪問することになった。

メンバーもYさんとすぐに打ち解け、Yさんにからかわれたりしながら、笑いの絶えない研究を続けた。目のまわりにシール型の電極を貼《は》ることによって、Yさんが目を動かすときに流れる微弱《びじゃく》な電気信号を拾い、オリヒメの動きに変換《へんかん》するという仕組みを考え、秋葉原に行って部品を買い、モスバーガーで組み立てた。

この仕組みによって、Yさんはオリヒメを使ってまわりを見渡《みわた》せるようになった。遠隔操作《えんかくそうさ》をすることで、近所の友だちのバーベキューパーティーにも参加することができた。

みんなすごく喜んでいた。すぐ近くで行われていることが、こんなにも遠い世界なんだということを、私はあらためて知った。

それが8月のことだった。しかし9月になってくるとYさんの容態が変わり、会えない日が続いた。呼吸ができなくなってきていた。

私たちはYさんに呼吸器をつけてほしいと願っていたが、彼女《かのじょ》は呼吸器をつけることを拒《こば》んだ。私たちは当事者でもなければ、家族でもない。無責任に「呼吸器をつけてください、生きていればきっとなにかいいことがありますよ」とは言えなかった。

研究チームはYさんを中心に動いていたので、Yさんと会えなくなったことで解散することになった。Yさんはその後、2014年の春に亡くなった。

しかしYさんはひとつの出会いを残してくれていた。

「NPO法人ICT救助隊」という、身体《からだ》をほぼ動かすことができない人たち向けのスイッチなどをサポートする団体とのつながりだ。

研究チームは解散したが、私は大学の後輩《こうはい》ともう少し研究を続けてみようと、ICT救助隊を訪問し、当時はまだ高額ではあるが少しずつ実用化されつつあった「視線入力装置」を試《ため》してみることにした。私たちが視線入力装置を使って、その場でオリヒメを操作できるようにプログラミングして実験すると、この方法にはさらなる可能性を感じられた。

このICT救助隊がきっかけで、二人《ふたり》のALSのキーパーソンと出会うことになった。

ひとりはALS協会会長（当時）の岡部《おかべ》宏生《ひろき》さんである。私は岡部さんの家を訪問し、さっそく視線入力のオリヒメのプロトタイプを操作してもらった。オリヒメは岡部さんの目の動きにしたがってゆっくりと首を動かした。「うなずけますか？」と私が聞くと、コクコクとオリヒメはうなずいた。

これにより、岡部さんは床にいるペットの様子や、ドアから入ってくるお客さんを見ることができた。

もうひとりはICT救助隊の元理事長であり、メリルリンチ日本証券の元会長でもあった藤澤義之《ふじさわよしゆき》さんという方だ。65歳《さい》のときにALSを発症《はっしょう》し、家を住みやすく改造したものの、病気の進行とともに身体を動かせなくなり、呼吸器を装着してその状態になっていた。

藤澤さんはすごく好奇心《こうきしん》が旺盛《おうせい》な、いわゆる「アーリーアダプター」と言われる人だった。まだ研究段階のオリヒメを買いたいと申し出て、私はプロトタイプのオリヒメを1台売った。

藤澤さんはITに強いヘルパーさんに指示を出し、自分が持っている視線入力装置と組み合わせてオリヒメを無理やり視線で動かせるように改造できないか試みていた。しかし完全にはうまくいかないので私にそういった改造をしてくれないかと依頼《いらい》してきた。それがきっかけで、私は藤澤さんの家を訪問するようになった。

そのころ岡部さんとはじめていた、オリヒメを視線入力で操作する研究は思いのほか順調に進んでおり、「みんなの夢AWARD」というビジネスの大会で発表することにした。

それは、最終選考までいけば日本武道館で約8000人の観客の前でプレゼンテーションができ、優勝すれば2000万円の融資《ゆうし》が得られる大会だった。

その大会の最終選考に残った私は、オリヒメを二足歩行ができるようにして、岡部さんが視線入力で遠隔《えんかく》操作し、8000人の前で手を振《ふ》るというデモンストレーションができたら、時代が変わる気がしていた。

仲間にはまったく理解されなかったが、私は当時のほぼ全財産をかけて、個人的に二足方向のオリヒメを開発した。

3ヵ月かけて準備したこのデモンストレーションは成功し、「みんなの夢AWARD」で優勝することができた。ALSの患者《かんじゃ》さんが遠隔《えんかく》で、日本武道館の上で8000人という大観衆に手を振り、発信できるという世界初の事例をつくったのだ。

この「みんなの夢AWARD」は私たちに2000万円という大きな研究費をもたらしたが、もっと大きなものを得ることができた。

それは盛岡《もりおか》に住む番田との出会いだった。

彼の目に止まり、彼から「力を合わせませんか?」と連絡をしてきたのだ。

東京の三鷹《みたか》に小さなオフィスをかまえ、番田を秘書および講演の相棒として雇うことにした。

そこへALSの患者で、まだなんとか歩くことができる高野元《たかのはじめ》さんという男性が訪ねてきた。

高野さんはもともとスタンフォード大学で研究員をしていたこともある非常に

優秀《ゆうしゅう》な方だが、私と会ったときはすでにしゃべることが難しく、仕事もまもなく辞めるという状況《じょうきょう》だった。

高野さんはまだ動く指を使ってパソコンで文字を入力し、音声の読み上げ機能を使って、私にオリヒメに対する期待を、こう述べた。

「指先の小さな動きや、視線によって文字を入力することができる装置は、たしかに寝《ね》たきりの患者《かんじゃ》さんにとって必要なものだし、僕《ぼく》もいずれお世話になる。でもそれがたとえ安価なものだったとしても、ただ意思疎通《そつう》をするためだけに、その装置を家族に負担させて買わせるというのはやっぱり申し訳ないと思う。でもオリヒメと意思伝達装置を組み合わせることで、〝働くこと〟ができるなら僕《ぼく》は10倍の値段でもその装置を買うだろう」と。

この考えは番田と話していたことでもあった。

遠隔で学校に通ったり、病院から家に通ったり、家族や仲間の所に行ったりして同じ経験をする。オリヒメは元々そうしたことを可能にするためにつくった装置だ。

Yさんと一緒《いっしょ》に研究をしていたのも、仲間と一緒《いっしょ》に遊んだり、花見をしたりしてほしかったからだ。

でもそれは仲間がいて、居場所があるからできることだ。仕事を辞めれば、職場は居場所ではなくなってしまう。

学校にほとんど行った経験のない番田に、居場所と呼べる場所はどこにもなかった。

自分の役割を持ち、社会に参加し続けたい。

高野さんや番田ははっきりそう言った。

どうすればオリヒメを使って働くことができるか。もう一度働く先を見つけることができるか。そんなことを考えていたころ、元メリルリンチ証券会長の藤澤さんともうひとつ大きな研究をはじめていた。

たまに自宅を訪れてオリヒメを少しずつ改造する中で、私は藤澤さんとその奥《おく》さんととても仲良くなっていた。奥さんはいつもバタバタと駆《か》け足《あし》で玄関《げんかん》の鍵《かぎ》を開けにきてくれて、おいしいごはんを用意してくれていた。

「インターンシップの学生や、会社の仲間を連れてきていいですか」とたずねると、藤澤さんはすごく喜んでくれた。年始にはヘルパーさんたちも含《ふく》めたホームパーティーに招いてくれて、オリヒメをみんなに紹介《しょうかい》してくれたりもした。藤澤さんは広い部屋の真ん中にあるベッドで寝《ね》ていて、みんながそのまわりで好き勝手にわいわいやっている。それが藤澤さんには楽しそうだった。


2015年、私はオリヒメを視線入力で動かすだけではなく、文字を入力できる本格的な意思伝達装置をつくれないかと思った。藤澤さんの家にあった視線入力のソフトはだいぶ使い勝手が悪く、藤澤さんは誤入力を取り消すとき、たびたび間違《まちが》えて全消去してしまうなど、大変なものだった。

私の方がいいものがつくれるんじゃないかと思ったし、単純に藤澤さんともっと会話がしたかった。

そう伝えると藤澤夫妻は喜んだ。

それからは藤澤さんの家を訪問するたびに、その場で作ったプログラムを試《ため》し、改善点を聞き、それをまた帰りのカフェなどでコーティング（プログラミング）するという研究を、会社の業務時間外に趣味《しゅみ》としてやった。

藤澤さんの家は私のもうひとつの家のようになっていたし、藤澤夫妻が大好きだったから、喜んでくれるのがうれしかったのだ。

何度もつくっては改良を重ねていたある日、藤澤夫妻と世間話をしているとき、藤澤さんと奥《おく》さんが普段《ふだん》やり取りに使っている「透明文字盤《とうめいもじばん》」が気になった。

透明《とうめい》のアクリル板に文字が書いてあり、それを患者さんの前にかざして、患者《かんじゃ》さんが見ている文字を読み取るという意思の読み取り方法で、全国のALSの患《かん》者《じゃ》さんとそのヘルパーさんたちが日常的に使っているものだ。

ただ透明文字盤《とうめいもじばん》にはたくさん問題がある。

寝《ね》ている患者《かんじゃ》さんの目の前に差し出すとき、文字盤《もじばん》を持つ人はどうしても無理な体勢になり、腰《こし》が曲がってしまう。手をかざし続けるのも負担だ。1文字ずつ入力するので時間がかかるし、忘れてしまうので1文字ずつメモしないといけない。

しかも視線の読み取り方にはその人なりの癖《くせ》があり、別のALSの患者《かんじゃ》さんで慣れている人でも、相手が変わるとやりにくいこともあった。すごく大変だが、みんな「そんなものだ」と思ってやっている。いっそロボットがやればいいんじゃないかと思い、透明文字盤《とうめいもじばん》にロボットアームをつけ、プログラムで動かせるようにしようとしたとき、待てよと思った。

目の前の透明文字盤《とうめいもじばん》をわざわざロボットで物理的に動かさなくても、視線入力装置とパソコン画面をそのまま使えばいいんじゃないか。

さっそく試作品をつくり、藤澤さんに試《ため》してもらうと、藤澤さんはこう入力した。

「これはいい」

たった5文字だが動作は完璧《かんぺき》だった。〝デジタル透明文字盤《とうめいもじばん》〟と名づけたこのシステムは特許、のちに国際特許を取ることができた。

また、これは使いやすい、覚える必要がないのがいい、透明文字盤と同じ仕組みだからヘルパーさんもイメージしやすいと、ALS協会から絶賛を受け、SNSで発表すると、多くの難病の関係者たちが反応してくれて、私たちはこれを製品化することに決めた。

そのころ、私がポケットマネーで秘書として雇《やと》っていた番田は、2015年の夏にはオリィ研究所の正式な契約《けいやく》社員として雇用契約《こようけいやく》を結ぶことになった。また、ほぼ同時期に藤澤さんも私のつくった視線入力システムで私たちにいろんなアドバイスをくれていたので、「うちの会社の顧問になってくださいよ」とお願いしたところ、「喜んでやりましょう」と言ってくれて、特別顧問《こもん》に就任してくれた。

オリヒメを使って働くメンバーが二人《ふたり》いる、不思議なベンチャー企業《きぎょう》になった。

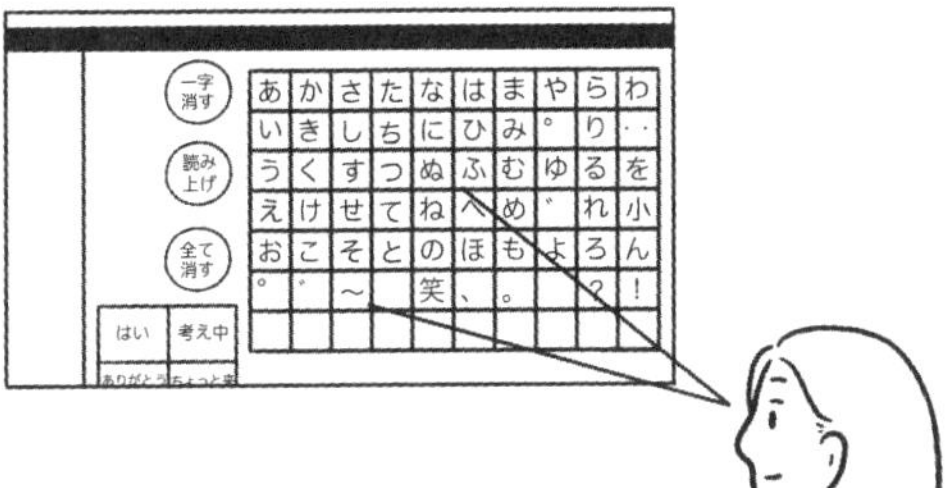

それから半年足らずでデジタル透明文字盤《とうめいもじばん》を製品化し、2016年の7月、「オリヒメ eye+switch」（以下、オリヒメ・アイ）として世の中に出すことになった。のちに、オリヒメ・アイは購入《こうにゅう》補助制度が適用されるようになり、パソコンと必要なソフトウェア全部込《こ》みで5万円以下で買えるようになった。

やがてこのオリヒメ・アイを使っている人たちの中から、この仕組みを使ってオリヒメを操作したり、文字を入力したりするだけでなく、パソコンの操作もしたいという要望がくるようになったため、私たちはエンジニアを増員し、オリヒメ・アイを改良し、視線の動きだけでWindowsコンピューターのすべての操作を可能にした。

また、赤外線センサーと組み合わせることで、ALSの患者《かんじゃ》さんが自分の意思でエアコンやテレビのチャンネルの切《き》り替《か》え、電気の消灯などをできるようにしていった。

そんなオリヒメ・アイを開発している頃《ころ》、番田はオリヒメで私と藤澤さんの家にも訪問し、一緒《いっしょ》にいろんな話をして盛り上がった。そんな時間は私にとってすごく楽しい時間だった。仕事というより、年は離れているが友人の家を訪問するような気持ちだった。

そんな中、私と番田はオリヒメを使って働く方法を模索《もさく》していた。

ある特別支援《しえん》学校で、番田が「寝《ね》たきりの僕《ぼく》でも働けている」という内容の講演を行ったときだ。親御《おやご》さんから「それは、オリィ研究所だからで、番田さんだからですよ。秘書みたいな難しい仕事、うちの息子にはちょっと難しいと思う」と、そんな「できない」をぶつけられた。

たしかに、言われてみれば番田もいちから仕事を覚えたり、いろんな社会常識を学んだりするのに、かなりの時間を要した。「オリヒメで秘書ができる」というのは簡単なことじゃないのかもしれない。

あるとき、たまたま番田と「番田、私の秘書なんだからコーヒーいれてくれよ」「じゃあ、そんな身体《からだ》をつくってよ」「それもそうだな」「将来は一緒にお店やろうぜ」というような冗談《じょうだん》を言い合っていたとき、それは意外といいアイディアなんじゃないかと思った。

私たちも、人生初の仕事は難しい知的労働ではなく、たとえば新聞配達とか、いまだったらウーバーイーツのような、ものを運んだり接客したりするような「肉体労働」からはじめて、少しずつ社会を勉強していく。はじめに肉体労働ができるなら、イメージもしやすいし働きやすいんじゃないかと思った。

藤澤さんの家でのオリヒメ・アイの研究も一段落したところだったし、私は次の自由研究として120cm大のビッグ・オリヒメをつくりはじめることにした。

番田は「オリィにコーヒーをいれたり、町を走行したりできるかもしれない」と話し、藤澤さんも「それはいいね、僕《ぼく》も操作してみたい」と楽しみにしてくれた。

またその頃《ころ》、一般《いっぱん》社団法人WITHALSという団体を立ち上げたばかりの、私と番田と同年代の武藤将胤《むとうまさたけ》と出会った。

20代でALSを発症していた武藤は、オリヒメを遠隔《えんかく》操作して学校で授業を行うなど、新しい働き方を模索《もさく》していた。

私と番田は、武藤と意気投合し、たとえ寝《ね》たきりになっても自分らしく社会に参加し続ける未来について語り合うようになった。

インターンの学生たちも交えた開発チームによる1年の開発期間を経て2017年、120cmのビッグ・オリヒメ、「オリヒメ・D」の試作品が形になりはじめた。私と番田は出会うきっかけになった「夢AWARD」にOBとして招かれ、そこでオリヒメ・Dをお披露目した。これからこのオリヒメ・Dを使って、みんなで働こう。そう番田と武藤と話していた矢先、恩師であり、歳《とし》の離《はな》れた友人だった藤澤さんが亡くなった。そして、それから時を待たず、親友の番田も亡《な》くなってしまった。

一緒《いっしょ》に研究していた仲間で、オリヒメ・Dを真っ先に操作してもらいたかった二人《ふたり》だ。

二人《ふたり》がいなくなってしまったショックで、半年ほどオリヒメ・Dの開発はストップし、手が止まってしまった。

しかし、番田が生前言っていた「このままでは無駄に死んでしまう。こんな身体《からだ》だからこそなにか生きた意味を残したい」という言葉を思い出し、研究を再開することにした。

番田と話していた分身ロボットカフェ構想を形にしたいと思い、研究を続ける中、そんな気持ちをはげまされる出来事があった。

オリヒメ・アイを使って子どもが絵を描《か》いていたのだ。Windowsにはじめから入っている、ペイントのソフトを使えば、視線入力で絵が描《か》ける。

そしてそのことを知って人生が変わったのが、ALSの患者《かんじゃ》さんで、榊浩行《さかきひろゆき》さんという方だった。

榊さんはもともと絵を描《か》くのが趣味《しゅみ》だったが、ALSになってから利《き》き手で筆を持てなくなり、左手に持《も》ち替《か》えたが、左手も動かなくなり、口にペンをくわえたがそれもできなくなり、呼吸器をつけたことで、テレビを見続けることしかできなくなっていた。

しかし彼はオリヒメ・アイを使って、目で絵を描《か》きはじめた。

はじめて榊さんの絵を見たオリィ研究所の社員たちはとても興奮していた。

そこには見事な赤い花が描《か》かれていたからだ。

私は榊さんのもとを訪れ、どうやって描《か》いているのかを聞き、さらにどうすればその創作活動を支援《しえん》できるかを一緒に考えてもらった。そしてその機能を追加していくことによって、榊さんはオリヒメ・アイを誰《だれ》よりも使いこなし、朝目覚めてから夜寝《ね》るまで365日、毎日オリヒメ・アイとオリヒメを使って、病院の人たちとやり取りをしたり、オリヒメを友人に運んでもらって外出したりしながら、目で絵を描《か》き続けた。

藤澤さんと番田が亡《な》くなった後、彼《かれ》が

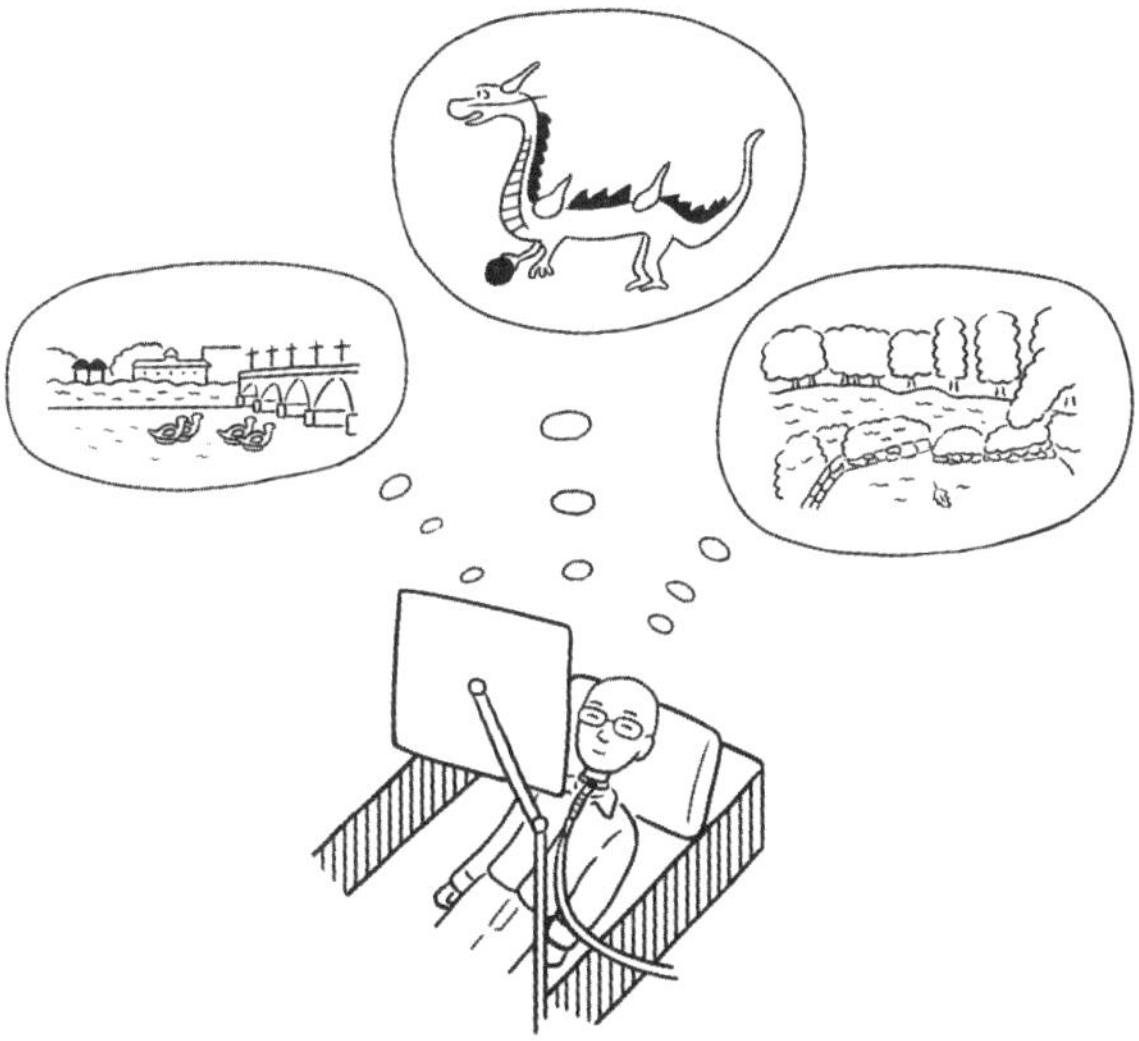

描《か》いた見事な作品は、視線入力でこんなことができるんだと、ＳＮＳで多くの人に拡散され、彼らを勇気づけることになった（ぜひ「榊浩行　絵」で検索してみてほしい）。

そして２０１８年の夏、オリヒメ・Ｄは完成した。私たちはオリヒメ・Ｄを岡部さんの家に持っていき、動作テストをおこなった。

２０１３年の段階ではうなずいたり、首を動かしたりすることしかできなかったオリヒメは、５年後の２０１８年には岡部さんの家の中を動き回り、ぎこちないながらも玄関《げんかん》までヘルパーさんを迎《むか》えに行って手を振《ふ》り、トレーを持ってチョコレートを配ったり、熱々のコーヒーを手渡《てわた》したりできるようになっていた。

そしてついに番田とやりたかったことができた。

2018年11月に、第1回分身ロボットカフェを開催《かいさい》することになったのだ。

これはALSの人だけではなく、さまざまな事情で外出ができない人たちが遠《えん》隔《かく》操作で働ける世界初のカフェ。番田や武藤と語り合っていたものだ。

記者会見には、岡部さんと武藤、番田の後任として私の秘書として働きはじめた村田望さんに出てもらった。

そして2015年に「自分の役割を持ち、社会に参加し続けたい」と言っていた、ALSの高野さんにも協力してもらい、店員として働いてもらった。

高野さんは自由に動かせる目の動きだけで、オリヒメ・Dを自在に操作し、呼吸器をつけたALSの患者《かんじゃ》でも、接客し、アドリブにも対応し、ドリンクが提供できることを実証した。

翌2019年の実験では、榊さんにも店員として働いてもらい、かつての同《どう》僚《りょう》へコーヒーを運んでもらった。

また、榊さんには私たちのカフェのコンセプトである「夜明け」の絵も描《か》いてもらい、ポストカードにして販売もした。

榊さんの描《か》き続けていた絵は、代官山TSUTAYAで展示会も行い、実際に売ることにも成功した。

彼《かれ》の作品はインターネット上で有名になり、目だけでこれだけのことができるのかと多くの人たちをはげますことになった。彼《かれ》が絵を描《か》き、インターネットで発信したことで、彼《かれ》をまねてオリヒメ・アイを使って絵を描《か》く難病の子どもたちも現れはじめた。

ALSの患者《かんじゃ》さんでも働ける分身ロボットカフェの計画はこれまで4回、それぞれ約2、3週間の実験で、仮説検証を重ねてきた。

その中で、カフェをきっかけにオリヒメで就職していくメンバーも現れはじめた。

第2回分身ロボットカフェを主催したとき。お客さんとして訪れてくれた神奈《かな》川《がわ》県の黒岩知事に高野さんがスカウトされ、神奈川《かながわ》県の共生社会アドバイザーとして、オリヒメで会議に出席することになった。

高野さんだけではなく、様々な難病で仕事をすることができなかった他のメンバーたちも、神奈《かな》川《がわ》県庁をはじめ、チーズケーキ屋の売り子、企業の受付などで働けるようになった。

２０１８年に10人、２０１９年に30人、いまでは数十人のメンバーたちがオリヒメのパイロットとして働き、お客さんと新しい出会いをつくったり、社会に参加したりするきっかけをつくっていった。

その中で私たちはさらに、必要なシステムをつくりつづけている。

たとえばＷＩＴＨＡＬＳの武藤とは、声を失ってしまうＡＬＳの患者《かんじゃ》さんの、本来の声を学習させた合成音声を使って、もともとの声で話し続けられる装置を

つくった。

また、元バリスタだったオリヒメパイロットの店員が、もう一度自分でお客さんにコーヒーをいれることができる「テレバリスタシステム」を開発している。

そして番田との雑談からスタートし、多くのメンバーとともに研究してきた、分身ロボットカフェプロジェクトは2021年6月についに、日本橋に店をかまえることになった。

この店は普通の常設店ではなく、〝常設実験店〟だ。毎日さまざまな「世界初の失敗」を体験しながら、さまざまな「できない」という価値を見つけ、カフェに併設《へいせつ》した研究所でそれらを改良していきながら、世の中の「できない」を「できる」に変える速度を上げていきたいと思っている。

たった8年前、2013年は私もふくめ、ALSという病気のことを世間の多くの人は知らなかった。寝たきりの人が、働けるとは思われていなかった。

Yさんとの出会いからはじまり、岡部さんと挑戦《ちょうせん》した「みんなの夢AWARD」で頚椎《けいつい》損傷で20年寝たきりの番田と出会い、彼《かれ》との雑談の中でさまざまなアイディアが生まれた。

藤澤さんと出会ったことでオリヒメ・アイが生まれ、高野さんが「視線入力を使って働きたい」と強く教えてくれた。

子どもがオリヒメ・アイで絵を描《か》いていて、それを見た榊さんが絵を描《か》けることに気づいて作品を生み出した。

いろんな人たちが出会い、それぞれの「できないこと」と向き合い、技術を使い、あきらめず、工夫《くふう》して可能にしてきたこと。

それを「発信」し、それを見た人が「私もできるかも」と思い、また次の挑《ちょう》戦《せん》をはじめる。

重要なことはテクノロジーじゃない。彼《かれ》らが本気で願い、出会い、行動し、発信し、受け取ってきたことの積み重ねだ。一つひとつは小さな一歩だが、この8年で、不可能と思われたことを可能に変えていった。世界は変えられるんだ。

榊浩行《さかきひろゆき》、2018年10月オリィ研究所6周年に寄せたスピーチにて

みなさん、こんにちは
榊と申します
わたしはALSで寝《ね》たきりですが
オリヒメのおかげで
毎日たのしくすごしています
これがなかったときは
テレビを見ているだけでしたが
メールやSNSで外とつながれるようになったし
絵も描《か》けてがらりとかわりました
とくにオリヒメで絵をえがくようになってからは
一日があっという間にすぎていき
とても充実《じゅうじつ》しています

病気でからだがうごかなくても
いろんな可能性がひろがり
オリヒメには感謝しています
おなじような病気の方にも
ぜひ希望をもって
ともにいきていければとねがっています
すてきなポストカードもつくっていただき
感謝しています
ありがとうございました

チームOriHime

榊浩行《さかきひろゆき》

（榊さんは2020年5月に永眠された）

あとがき

私はALSの患者《かんじゃ》さんの家ではじめてごはんをごちそうになったとき、患者《かんじゃ》さんの前で、「おいしい!」と言っていいのかどうかわからなかった。ものを食べたり、飲んだりすることが私たちと同じようにできなくなってしまった人の前で、おいしそうにごはんを食べ、その喜びを表現することはもしかするととても残酷《ざんこく》なことで、悲しい思いをさせてしまうのではないか?と、心配になったからだ。

でもその気持ちを察してか、文字板で「おいしい?」と聞いてくれたので、私は「とてもおいしいです!」と素直に返した。

その方は「それはよかった」と言ったあと、こう続けた。

「私はもう食べられないから、かわりに食べてほしいし、笑顔になってほしい。それが私にとってのおいしさなんです」

その話を他のALSの方々にすると、彼《かれ》らも同感だという。

なかには「本当に、半分くらいは自分もおいしいと感じるのですよ」と言った人もいる。

私は思った。


人は、喜びを拡張することができる生き物なのだ。


子どもの頃《ころ》はきっと誰《だれ》だって、自分にとっての喜びは、自分がほめられたり、自分が良い思いをしたりすることが大半だっただろう。

しかし人は喜びを拡張していく。自分の大切なペットがほめられてもうれしく思えるだろう。自分の親友が運動会で活躍《かつやく》したらうれしく思えるだろうし、自分がかかわった作品が世間で評判になってもうれしく思えるだろうし、子どもができたら、その子の成長や活躍《かつやく》をまるで自分ごとのようにうれしく思えるようになるだろう。アイドルやアニメの「推《お》し」に抱《いだ》く気持ちや、応援することの豊かさも、同じようなものかもしれない。

人はいずれ生身でできることは減っていくが、自分がほめられたり活躍《かつやく》したりしなくても、喜びの範囲《はんい》を広くすることができる。

そんなふうに考えると、私もきみたちも高齢者《こうれいしゃ》になれば、同じ国の若者が元気なことがうれしく思えるかもしれないし、生きとし生けるものが、ただ生きているというだけで、うれしく思えるようになるのかもしれない。


多くの寝《ね》たきりの先輩《せんぱい》、仲間たちと出会ってきてわかったことがある。

人は「託《たく》す」という能力をもっているということだ。

Yさんはこう言った。

「私がオリィくんたちと一緒《いっしょ》にやっているのは、自分のためにオリヒメを使いたいからじゃない。この研究が誰《だれ》かの役に立ってるなら、私がALSになった価値になる。だから一緒《いっしょ》にやっている」

また別のある人は言った。

「僕《ぼく》のかわりに、いろんな世界を見てきてほしい」と。

人生はいつか終わりがくる。

どんなにお金持ちになろうと、どんなに栄光を手にしようと、どんなにがんばったとしても、その人の人生はいずれ終わる。

しかし自分が苦労したこと、苦しんで戦ってきたこと、そして挑戦《ちょうせん》と失敗の数々が、次の誰《だれ》かの生きる力になり、引《ひ》き継《き》がれていくのなら、がんばって生きた甲斐《かい》があると言えるのではないか。


学校やインターネットで知識を身につけること。

経験を積むこと。

人と出会うこと。

自分の困りごとを解決するために知恵《ちえ》をしぼり、工夫《くふう》すること。

そしてその想いを発信すること。

これらは先人から受《う》け継《つ》ぎ、次の世代へ託《たく》していくバトンとなり、

未来を切り開くことができる、私たちの生きる武器だ。

私も、きみも人生はいつ終わりがくるかわからない。

生きている限り多くの苦労があるだろうし、誰《だれ》にも理解されないような困難も経験するだろう。

人間関係で悩《なや》んだり、絶望する夜もあるかもしれない。一方で、なにかを成《な》し遂《と》げて達成感を覚えたり、自分にしか気づけない小さな喜びを発見したりする瞬間《しゅんかん》もたくさんあるだろう。

そんな、きみの経験や生きた証は、次の世代の誰《だれ》かの道標《みちしるべ》となって、未来を開いていくことにつながる。受け取ること、そして発信することだ。

私はこれから親友との約束である、「分身ロボットで働くカフェ」をつくるという人類初の実験に挑む。

私が、いつか寝《ね》たきりになっても、また部屋の天井《てんじょう》を見続けるような孤独《こどく》状態にならず、「働きたい」と心から思える場所をつくるためだ。
カフェだけではなく、まだまだやりたいことは無数にある。まだうまく言語化できないが、できそうなアイディアや感覚もある。命が尽《つ》きるまで、研究を続けていくつもりだ。

世の中はなにも完成していない。
人生に、正解はない。
だからこそ、私たちにできることはまだまだある。

この激動の時代の短い人生の中で、いろんな経験を積み、大きくなったきみとどこかで出会い、なにかを託《たく》し合える仲間になることができたら幸いだ。

2021年4月
吉藤《よしふじ》オリィ

きみの「したいこと」が
きみの一生をささえる。
そして誰かに託されていく。

吉藤オリィ

Ory Yoshifuji

株式会社オリィ研究所代表共同創設者取締役CEO。ロボットコミュニケーター。デジタルハリウッド大学大学院特任教授。分身ロボット「OriHime」の開発者。趣味は折り紙。

小学校5年から中学2年まで不登校。

高校時代に電動車椅子の新機構の発明に関わり、2004年の高校生科学技術チャレンジ（JSEC）にて文部科学大臣賞を受賞。

翌2005年にアメリカで開催されたインテル国際学生科学技術フェア（ISEF）に日本代表として出場し、グランドアワード3位に。その時の出会いと自身の経験から「孤独の解消」を人生のテーマと定め、高専で人工知能を学んだ後、早稲田大学にて自身の研究室を立ち上げる。

その後、対孤独用分身コミュニケーションロボット「OriHime」を開発。株式会社オリィ研究所を設立し、「OriHime」の他、ＡＬＳ等の難病患者向け意思伝達装置「OriHime eye」、車椅子アプリ「WheeLog!」、分身ロボットカフェなどを開発提供し、2016年には「Forbes誌が選ぶアジアの30歳未満の30人」に選ばれた。

著作に『「孤独」は消せる。』（サンマーク出版）『サイボーグ時代』（きずな出版）がある。

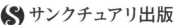

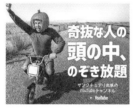

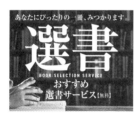

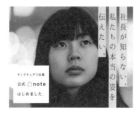

ミライの武器 「夢中になれる」を見つける授業

2021年5月15日 初版発行

著 者 吉藤オリィ

デザイン 井上新八
装画（扉絵） 山内庸資
挿絵 本田祐一郎

営業 市川聡
広報 岩田梨恵子
編集 橋本圭右

発行者 鶴巻謙介
発行所 サンクチュアリ出版
〒113-0023 東京都文京区向丘2-14-9
TEL 03-5834-2507 FAX 03-5834-2508
https://www.sanctuarybooks.jp
info@sanctuarybooks.jp

印刷・製本 株式会社シナノ